대학행정총서 7

UNIVERSITY
ADMINISTRATION

대학시설
이론과 실제

집필책임자 **신중식**
공동집필자 **박영숙 · 류호섭 · 최병관 · 유웅상**

학 지사

머리말

최근 들어 대학교육의 환경에는 경쟁력 강화를 위한 양적 · 질적인 변화가 이루어지고 있다. 학사제도가 변화되고 있고, 대학 간, 학문 간, 산학 간 협동체제가 구축되고 있으며, 교수 및 연구 역량을 강화하기 위한 여건 개선에 많은 투자가 이루어지고 있다. 대학행정에서도 대학이 지향하는 특성화 지원을 위해 행정지원의 전문화가 이루어지고 있다.

대학행정의 전문화 요구가 높아지면서 행정직원의 전문적 역할에 대한 요구 또한 높아지고 있다. 행정직원이 대학교육의 발전을 위해 교육을 적극적으로 지원하고, 경영혁신을 전략적으로 지원할 수 있도록 능력개발을 위한 지원이 집중되고 있다. 대학행정 가운데 대학시설계획은 한정된 공간자원을 합리적으로 배정하고 효율적으로 관리해야 하는 특별한 전문성이 요구된다.

이 책은 대학의 교육환경 변화에 부응하여 대학시설 행정을 바람직한 방향으로 주도해 나갈 수 있도록 이론과 실제의 기반을 제공하고 있다. 제1부 대학교육환경 변화와 시설에서는 대학교육환경 변화와 시설과의 관계와 대학교육과정 운영과 시설공간 구성과의 관계를 제시하였고(신중식, 박영숙), 제2부 대학시설환경 진단 및 기준 분석에서는 대학시설 기준 분석과 변화를 전망하였으며(류호섭), 제3부 대학시설의 선진 사례에서는 교육환경 변화에 부응하여 시설공간 측면에서 대응한 국내외 우수사례를 제시하였다(최병관). 제4부 대학시설 관리 실무에서는 시설 운영 담당자가 유념해야 할 주안점과 관리 지침을 제시하였다(유웅상). 앞으로 이 연구의 결과가 대학시설의 환경 개선과 효율적 관리를 선도할 수 있게 되기를 기대한다.

끝으로, 연구 수행에 노고가 많으셨던 신중식 교수님, 류호섭 교수님, 유웅상 팀장님, 박영숙 박사님, 최병관 교수님께 깊은 감사를 드린다.

2009년 8월

홍익대학교 대학특성화사업단장 서 정 화

차 례

제2부 · 대학시설환경 진단 및 기준 분석

제3부 • 대학시설의 선진 사례

제4부 • 대학시설 관리 실무

제 1 부
대학교육환경 변화와 시설

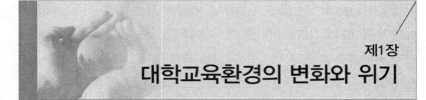

제1장
대학교육환경의 변화와 위기

1. 대학환경의 변화

우리나라 대학들은 지난 반세기 동안 거대조직으로 성장해 왔지만 최근에 이르러 많은 도전과 위기에 직면하고 있다. 현대사회의 대학은 양적·질적인 면뿐만 아니라 역할·기능적인 면에서도 상아탑식 고고주의를 벗어나 다원적인 성격을 지닌 거대한 다원화 대학(multiversity)으로 변모되고 있다. 고등학교 졸업생의 81.3%가 대학에 진학하고 있는 우리나라의 대학입학 학령인구는 출산율 감소로 2000년에 74만여 명으로 정점을 이루었다가, 2005년경에는 59만여 명 정도로 크게 감소하였으며, 2010년까지는 약 12만여 명이 늘어나다가, 다음 해부터는 계속 감소할 전망이다(한국대학교육협의회, 2005).

1996년 대학설립 기준이 완화되면서 대학의 질적 향상은 외면된 채 양적인 면에서만 기하급수적으로 팽창되어 오늘날과 같은 정원미달과 교육부실이라는 사태를 초래하게 되었다. 대학입학 학령인구의 감소에 따른 미충원율의 증가현상은 전문대학뿐만 아니라 4년제 대학에도, 특정 지역의 일부 대학뿐만 아니라 대부분의 비수도권대학에까지 확대되고 있다. 이러한 현상은 그동안 양적 성장을 지향해 온 우리나라 고등교육 구조에 큰 위기를 초래하여 일부 지방 사립대학은 존폐까지 위협받고 있고, 이에 따른 구조조정도 불가피하게 되었다. 그동안 교육과학기술부는 학령인구와 대학정원 간의 관계를 충분히 예측할 수 있었는데도 이를 무시하고 대학이 무분별하게 난립하도록 하는 데 일조했다는 비판을 면치 못하게 되었다.

1986년부터 시작된 UR 협상, 1995년 WTO의 서비스 무역에 관한 일반협정(General Agreement on Trade in Service: GATS)의 발효 등으로 대학교육시장의 개방이 불가피하게 되었다. 이에 당시 교육인적자원부(현 교육과학기술부)는 2002년 OECD 교육시장개방대책의 일환으로 국내 대학교육의 질과 경쟁력을 높이고 국제화 촉진을 위해 외국의 우수대학원 국내 유치방안을 발표하였다. 또한 최근에 이르러 개방화, 국제화를 통한 자유무역의 다자 간 협력 틀보다는 양자 간 또는 지역 내 협상을 통한 상호 이익 증진에 주력하는 FTA(Free Trade Agreement) 협약으로 인하여 우리나라 대학들은 바야흐로 무한 자유경쟁체제에 돌입하게 되었다.

GATS가 주장하는 교육의 시장화는 교육재원이 비정부 부문에서 충당될 수 있어 교육소비자가 학교를 선택할 때 장애가 되는 규제를 없애고, 자율화된 체제 하에서 경쟁적으로 선택이 이루어지게 하는 형태라고 할 수 있다. GATS는 대학교육 기회 확대와 질 향상에 도움을 주게 된다는 순기능적인 면도 있지만, 대학교육시장이 개방될 경우에 대학교육기관의 자생력 약화와 위축, 대학교육의 외국 의존도 강화, 고급인력의 해외유출로 인한 국부의 손실, 교육을 통한 외국문화의 침투, 교육 기회의 차별화로 인한 계층 간의 위화감 유발 등이 우려되고 있다. 대학입학 학령인구의 부족과 경쟁력이 부족한 국내 많은 영세 대학들이 설 자리를 잃게 될 우려가 있다는 역기능적인 면도 부정할 수 없다.

신지식과 첨단기술로 무장한 외국 우수 교육자원이 국내에 유입되면 첨단 학술정보의 원활한 교류와 국민학습권의 신장과 다양한 교육 기회를 부여받을 수 있음은 물론, 국내 교육기관의 해외 진출 계기를 마련할 수 있다는 긍정적 측면의 효과를 기대할 수 있다. 반면에 우리 대학교육환경보다 수월한 외국 대학문화의 침투로 국내 고등교육기관의 자생력이 약화되면서 시장화에 의한 상업주의 풍조가 우려되고 소외계층의 위화감이 조성될 우려가 있다는 부정적 면도 배제할 수 없다.

서정화(2006)는 우리나라 대학들의 위기 현상으로 '대학의 미충원율 증가 및 취업률 저하' '대학교육의 낮은 경쟁력' '대학의 특성화 진척 미흡' '사회적 요구와 인력양성 구조의 불일치' '대학교육재정 투자 부족' 등을 제시하고, 대학에 대한 새로운 도전과 요청으로 '지식기반사회에 걸맞는 새로운 지식 창출' '우수인력 양성' '대학교육시장 개방' '평생학습사회 요구에 대한 부응' 등을 제기하고 있다.

한편, 우리나라 대학들의 교육환경과 질적인 수준이 선진국과 비교하여 크게 떨어지고 있음은 주지의 사실이다. 스위스경영개발원의 발표 자료에 의하면, 우리나라 고등교육의 효율성은 세계 47위로 경쟁력 저하가 두드러지게 나타나고 있고, 전국경제인연합회에서는 우리나라의 전체 인적자원개발 수준이 선진국의 46%, 대학교육 시스템은 40% 수준으로 매우 저조한 것으로 분석하고 있다.

2. 학사제도의 변화

세계적인 고등교육 방향의 변화에 부응하고 사회 전반에 풍미한 개혁의 바람이 대학에도 영향을 주게 되어 우리나라 대학들은 1996학년도부터 '학부제' '학점은행제' '대학평가인정제' '두뇌한국 21(BK 21)사업에 의한 연구진흥정책' 등 학사 · 연구제도에 큰 변화를 맞이하게 되었다. 학부제에서는 수도권대학과 국립대학, 의학, 약학, 사범계 대학들을 제외하고는 포괄승인제와 여건연동제에 의한 정원자율화정책을 시행하는 한편, 광역단위 학생선발제, 최소전공인정학점제, 다전공제, 연계전공제, 무전공제, 학생주도전공제, 대단위 학부 내 전공트랙제 등의 다양한 전공모형이 병행되고 있는바, 이에 부응하는 대학교육환경의 구비가 요구되고 있다(유현숙, 1999).

또한 정부에서는 대학교육체제 유형의 특성화, 다양화는 물론 대학교육 프로그램의 다양화를 유도하고 있고, 대학교육 · 연구의 국제화를 추진하는 한편 대학평가의 강화, 교육여건의 자료 공개와 재정지원의 차등화를 통한 통제정책도 병행하고 있다. 대학종합평가인정제는 '대학교육의 수월성 제고' '대학경영의 효율성 제고' '대학의 책무성 향상' '대학의 자율성 신장' '대학 간 협동력 강화' '대학재정지원의 확충' 등과 같은 구체적 목적을 실현하여 대학을 발전시키는 데 주 목적을 두고 있다. 따라서 대학평가인정제가 정착되면 대학의 교수, 시설 및 재정 같은 교육여건은 물론, 학생들의 면학 분위기, 교수들의 연구 분위기 조성에 큰 도움을 줄 수 있고, 대학에 대한 사회적 신뢰 증진에도 도움이 되리라는 전망이다(한국대학교육협의회, 1998; 이상주 외, 1995).

또한 각 대학의 실정에 따라 2~4학기제 등 다학기제를 자율적으로 도입하고, 수업일수도 법정일수 범위 내에서 자율적으로 정하여 학칙에 규정하도록 하고 있다. 다양한 학기제를 운영하고 있는 미국의 경우 2학기제 운영 학교가 66.4%로 가장 많고, 그다음이 4학기제(20.9%), 3학기제(12.7%) 순이다. 2학기제의 경우 그 기간이 13~17주 이상으로 되어 있는데, 15주가 51%로 가장 많고, 4학기제는 9~11주 이상으로 10주가 63%로 가장 많은 것으로 분석되고 있다(Wade, 1997). 영국의 경우, 대학에 따라 자율적으로 학기제를 운영하고 있으나 대부분의 대학이 8주 한 학기로 되어 있는 3학기제를 운영하고 있다. 우리나라 대학여건으로 볼 때, 순수 수업시간 15주를 엄수하고 학기가 끝날 때마다 1~2주의 휴가기간을 책정한다고 하면 3학기제를 운영하여도 시간상으로 별 문제가 없고, 현재 대부분의 대학들이 냉·난방시설을 갖춘 현대화된 시설이기 때문에 물리적 시설상으로도 큰 문제가 없다. 현행 2학기제에 적용되고 있는 교수들의 법정 수업시수(연간 12~18시간)는 교수들의 희망과 사정에 따라 2개 학기 또는 3개 학기에 담당케 하고, 연간 책임시수를 초과한 부분에 대하여는 초과수당을 지불하도록 하는 제도로 보수체계에 대한 수정·보완이 필요할 것이다.

정규학기와 계절학기 간에 연계성이 확보되도록 하여 정규학기에 개설하기 어려운 강좌나 현장경험을 필요로 하는 실습과목 등을 계절학기에 개설하고, 정규 3학기제의 경우에도 1, 3학기에는 현행대로 단위학문 중심으로 교과목을 운영하고, 2학기에는 1, 3학기에 개설하기 어려운 학제 간 교과목(다학문적인 교과목, 학문 간 교과목, 계열공통과목 등) 중심으로 운영함으로써 학제 간 교육을 강화하고 복수전공이나 부전공과 같은 다전공 이수가 현실적으로 가능하도록 운영하는 것이 이상적이다.

각 대학은 복수전공이나 부전공이 실질적으로 가능하도록 전공이수학점 수를 최소화하는 '최소전공인정학점제'를 도입하고 있는데,

특정 과목의 시간표를 특정 시간대에 고정 편성하는 'block time sys-tem'을 도입하여 전공 간·학문 간의 장벽을 허물어 주게 되면 학생들이 복수전공을 이수하는 데 도움이 될 수 있다. 또한 수업은 평일 주간뿐만 아니라 아침 일찍(0교시)부터 야간 늦게(14교시)까지는 물론, 주말에도 이루어질 수 있도록 교육 프로그램과 수업 형태를 다양화하고, 이에 걸맞는 대학교육시설도 보완해 줌으로써 학생들이 다양한 강좌를 선택하는 데 어려움이 없도록 배려해 주어야 할 것이다.

학부제가 토착화되려면 지속적인 교육과정 연구·개발을 위한 제도적 장치와 교수 기법 및 교재개발 등을 전담할 교수-학습센터의 설치·운영이 필요하며, 학과 간 등록금차등제, 학점당 등록금제, 학부단위 책임경영제 등을 바탕으로 한 합리적 예산 운영 등이 제도화되어야 된다. 교수의 책임수업시수를 경감해 주는 대신에 학생지도와 교육과정 개발에의 참여를 의무화하는 것도 필요하다. 평생학습 체제와 계속교육에의 참여 의욕을 고취시키고 새로운 학습 기회를 더 많이 창출하려는 의지를 담고 있는 학점은행제는 평가인정, 학점인정, 학력인정, 학위수여 등의 네 과정으로 운영되고 있는데, 학벌보다는 실력이 중시되는 사회가 정착되어야 성공할 수 있다.

대학의 공학교육 기준을 제시하고 산업현장에 맞춘 공학인재 양성을 위한 목적으로 한국공학교육인증원(Accreditation Board for Engineering Education of Korea: ABEEK)이 1999년 8월에 설립되어 2001년부터 시행하고 있는 공학교육인증제도는 한국의 공학교육에 많은 변화와 갈등 및 새바람을 일으키고 있다. 한국공학교육인증원은 대학의 공학 및 관련 교육을 위한 교육 프로그램의 기준과 지침을 제시하고, 이를 통해 인증 및 자문을 시행함으로써 공학교육의 발전을 촉진하고 실력을 갖춘 공학기술인력을 배출하는 데 기여하기 위하여 설립된 기관이다. ABEEK에 의한 교육인증은 종전의 대학평가와는 달리 공과대학 개별적으로 실시되고 강제성 없이 자발적으로 희망대학에 한해서만 실시된다. 인증 결과에 대한 공개는 없고 공대 졸업생들의 고용주인 산업체에 공학교육인증 참여대학과 인증 관련 정보를 제공하게 된다. 공학교육인증제는 전공지식능력, 문제해결능력, 환경·경제·사회의 공학적 주제해결능력, 의사전달능력, 평생교육 및 전문가 자질개발능력, 윤리의식, 동시대적 문제의 인지능력 등을 겸비한 전인적인 공학도를 양성하기 위한 제도라고 할 수 있다. 이러한 공학교육인증제는 산업체의 요구를 교과과정에 지속적으로 반영시킴으로써 졸업 후 공학도가 공학실무를 담당할 준비, 즉 실제 산업현장에 효과적으로 투입될 준비가 되어 있음을 보증하고, 나아가 세계 어디에서든지 전문 엔진니어로 인증받고 일할 수 있도록 한다는 데 의미가 있다.

따라서 공학교육인증을 위해서는 교육목표, 학습성과, 교육과정 및 교육요소, 학생, 교수진, 교육환경, 교육개선 등에 대하여 한국공학교육인증원이 제시하는 최소한의 인증 기준을 만족하는 교육체계를 갖추어야 하며, 이를 통해 공학을 전공하는 학생들이 졸업 후 산업체 현장에서 별도의 교육 없이도 공학실무를 담당할 수 있도록 준비시키는 과정이 포함되어야 한다. 공학교육인증을 수료하려면 대학마다 정해진 필수교과목과 학점을 이수해야 하는데, 현재 공학인증을 필수로 하는 대학과 선택으로 하는 대학이 있으며, 일부 대기업에서는 공학인증을 받지 않고 지원하는 지원자는 배제시키겠다는 입장을 취하고 있어 관심을 모으고 있다. 이러한 공학인증제 도입에 대해서는 이 제도가 많은 혜택과 이점이 있음에도 불구하고 많은 대학들에서 희망과 걱정, 갈등이 공존하고 있고, 긍정적이지만 현재로서는 그것이 대학 실정에 맞는 것인가에 대한 논의가 분분한 실정이다.

3. 대학평가의 강화와 대학교육의 질 제고

오늘날의 대학은 무한경쟁 속에서 생존할 수 있는 생존 전략을 모색하고 있으며 상대적으로 경쟁력이 부족한 대학들은 위기를 맞고 있다. 따라서 공급자인 대학은 양질의 교육 내용과 교육 방법, 우수한 교수인력, 최첨단의 교육환경 등을 갖추고 우수한 학생과 교수진을 유치하여 교육할 때 경쟁력을 확보할 수 있다.

각 대학들이 모든 학사정보를 공개함으로써 수요자인 학생들이 대학 선택 시에 참고하도록 하는 것이 시대적 요청이다. 최근에 이르러 대학교육을 대상으로 한 학내외에서의 평가가 활발하게 이루어지고 있고, 심지어는 학생들의 교수에 대한 수업평가 결과까지 숨김 없이 공개되고 있어 논란이 되고 있다.

미국 하버드대학의 Skocpol 교수와 Ulich 교수 등은 최근에 하버드대학의 강의 기능이 저하되고 있는 것을 비판하면서 강의진의 교육능력과 학생의 학습상황평가를 강화하고 교수 연봉에 연구성과뿐만 아니라 지도능력도 반영하는 '교육의 질 향상과 잘 가르치는 교수의 보상강화방안'을 중심으로 하는 '교육·학습 강화를 위한 협약'이라는 제안서를 발표하여 주목을 받고 있다(강규형, 2008). 교육여건이 어려울수록 대학운영에서의 경영 마인드가 더욱 요구되고 있으며 교육과 경영을 어떻게 조화시키느냐 하는 것이 매우 중요한 과제다.

현대사회에 이르러 직업세계가 분화되고 고등교육에 대한 사회적 수요와 욕구가 다양화되고 있기 때문에 정부에서는 사회변화와 대학교육에 대한 시대적 요구에 맞게 특성화·다양화하고 각 대학별 발전 방향에 맞게 정체성 있는 학사운영을 하게 함으로써 다양한 자질을 갖춘 인재를 양성하도록 유도하고 있다. 이처럼 모든 대학들은 교육 프로그램과 교육체제를 고객인 학생들의 요망에 따라 보다 실질

적이고 효율성 있는 방향으로 재정립하지 않을 수 없게 되었고, 대학
교육의 본질적이고 기본적인 책무성에 대한 비판과 압력도 받고 있
다. 한편, 대학들은 우수한 교육환경의 설치, 우수 교수인력의 확보
및 국제교류의 확대로 대학교육의 선진화·국제화를 꾀하고 있다.
또한 교육연구정보체제의 국제화를 통하여 교육과 연구 수준의 선진
화·국제화를 꾀하고 있고, 산학협동체제를 강화하여 고급인력의 수
요와 공급 간의 연계체제를 강화하는 한편, 양질의 교육환경 설정에
심혈을 기울이고 있다.

   교육은 그 특성상 투입에서 산출에 이르는 회임기간이 길고 교육
효과의 측정변인도 합의하기가 어렵기 때문에 산출을 계량화하기가
쉽지 않다. 이러한 어려움에도 불구하고 최근에 이르러 대학교육의
효율성에 대한 요구는 점점 커지고 있다. 따라서 급속히 발전하는 학
문과 직업세계의 변화, 사회적인 압력과 기대의 상승, 대학진학자 수
의 격감 등에 따른 대학 자체의 개혁과 변화라는 시대적 과제가 각
대학들로 하여금 '상아탑에의 안주'에서 벗어나 국제경쟁력을 갖춘
다원화 대학으로의 변신을 요구하고 있다. 따라서 각 대학들은 투자
우선순위의 합리화를 통하여 학원 내에서의 불만이나 갈등의 예방·
해소는 물론 대학교육의 효과 증진과 대학 행·재정의 효율화에 전
념하는 등 생존 전략 마련에 부심하고 있다.

4. 대학 간·학문 간·산학 간 협동체제 구축

   아직도 많은 대학들이 대규모 전공을 중복 설치·운영하고 있어
특성화 수준이 미흡하고, 국·공립대학과 사립대학 간, 대규모대학
과 소규모대학 간 교육 프로그램 운영이 차별화되어 있지 못하며,

산·학연계가 미흡한 실정이다. 같은 대학 내에서도 교육과정을 중복 편성하거나 폐쇄 운영함으로써 학생들의 교과목 선택의 제약은 물론 특성 있는 발전을 기하지 못하고 있다는 비판을 받고 있다. 인접학문 영역이 점점 통합되어 가는 것이 현대적 추세인데도 이에 부응하지 못해 대학의 경쟁력이 떨어지는 등 대학운영의 비효율적인 요소들이 상존하고 있다. 각 대학들이 이러한 문제점들에 공감하고 있기는 하지만, 아직도 각 대학 및 전공 간의 이해관계와 학문적 폐쇄성향 때문에 쉽게 적응하지 못하고 있는 것이 한국 대학들의 실정인바, 대승적 차원에서 대학교육을 위한 하드웨어와 소프트웨어의 과감한 구조조정이 요망되고 있다. 특히, 전문도서나 연구기자재를 공동 활용하는 협동 프로그램의 활성화가 요망되고 있다.

학사과정 및 대학원과정 교육의 중복성 및 비효율성을 극복하고 학제 간 연구의 확대 및 학제 간 공동연구가 활성화될 수 있도록 관련 학문 분야를 과감히 통합·운영하는 것이 필요하다. 대학의 학사 및 일반행정 분야도 분권화하여 현행 대학본부 중심의 학사·일반행정을 학부 중심 운영체제로 전환·운영하고 있는 모습이 일부 대학에서 시도되고 있기는 하지만 아직도 모든 대학에서 일반화되기는 미흡한 실정이다. 따라서 장기적으로는 대학교육의 학문체계를 대학의 특성화에 알맞게 학문 중심보다는 문제 중심 교육체계로 전환함으로써 단순히 지식을 전달하는 교육보다는 문제파악능력, 문제 제기 및 발견능력, 문제해결능력 및 방법을 찾아내고 분석하고 창조적으로 사유하는 능력을 함양하는 방향으로 대학교육의 목표를 설정하고 이를 뒷받침할 수 있는 교육시설도 갖추어야 할 것이다.

다학문적 프로그램과 학문 간 프로그램의 운영은 시대적 추세이므로 이제까지 관행처럼 운영되어 오던 전공 중심의 편협된 교양교육과정 운영체제를 탈피하여, 교양교육과정의 통합적 개발과 운영체제를 적극 도입하고 현대 학문의 발전 추세 및 사회변화 방향을 고려하여 교양과목과 교양과목, 교양과목과 전공과목 사이의 간학문적, 다학문적 학제 간 통합 영역 설정을 가능하게 해 주는 교과 편성 및 운영이 이루어져야 할 것이다. 학생의 교육경험의 폭을 넓히고 단일학문 프로그램에서 야기되는 과도한 전문화를 지양하기 위해서는 2개 이상의 학문 영역을 학습하도록 하는 것이 바람직하다.

장기적으로는 대학교육의 체계가 전공 중심이나 학문 중심으로 운영되기보다는 문제 중심의 교육체계로 전환되는 것이 바람직하다. 지금까지 해 왔던 것처럼 단순히 지식을 전달하는 교육보다는 문제를 파악하는 능력, 문제를 제기하고 찾아내는 능력, 문제를 해결하는 방법을 찾아내고 분석하고 창조적으로 사유하는 능력의 함양을 바탕으로 하는 교육목표, 교육과정, 교육시설 등이 갖추어져야 할 것이다. 관련 학문의 통합 · 운영으로 학제 간 연구의 확대 및 활성화가 되어야 창의적인 생산성이 도출될 수 있다.

각 대학은 고학력 인력을 많이 배출하고 있으나 이들이 산업현장에서 필요로 하는 핵심 고급인력에는 미치지 못하고 있기 때문에 기업에서는 해외 유학자나 해외기업 유경험자, 기업체 자체 육성인력 등으로 필요인력을 충당하고 있는 실정이다(서정화, 2006). 따라서 대학교육 발전을 위해서는 산업체 수요에 부합되는 교육 프로그램의 편성 · 운영은 물론, 현장 경험을 가지고 있으면서 박사학위를 취득한 산 · 학연계형 고급인력을 교수요원으로 많이 확보하고 교육시설을 현대화하는 것이 최우선 과제라고 하겠다. 권역별 산 · 학 · 연 협동체제의 강화도 절실하므로 대학의 연구시설 · 설비, 고가 기자재, 첨단 과학 · 기술시설은 그 지역에 있는 연구기관이나 산업체와 중복되지 않고 상호 공용할 수 있도록 하고, 대학시설도 공개 개방하여 그 지역에 있는 연구기관 및 산업체가 같이 활용할 수 있도록 하는 상호 협력체제의 구축이 필요하다(남정걸, 1995).

대학시설이나 교수자원의 한계 때문에 개별대학이 모든 학생들의 다양한 교육적 요구를 충족시켜 줄 수 있는 교육 프로그램의 운영이 현실적으로 어려운 실정이다. 따라서 각 대학들이 각자의 특성에 맞는 교육 프로그램을 개설하고, 인근 대학들끼리 교육과정 운영 및 교육시설 공용 협동 프로그램의 운영·교류가 필요하다. 이러한 프로그램의 운영으로 각 대학들이 가지고 있는 교육과정 운영과 교육시설의 한계를 극복할 수 있고, 교육수요자인 학생들에게 보다 양질의 교육 서비스 제공을 할 수 있으며, 재정적 효율성도 달성할 수 있을 것이다.

5. 연구여건의 활성화 및 연구역량의 강화(BK21)

우리나라의 대학시설 및 실험실습시설은 교육과정의 정상적인 운영과 교수 및 학생들의 수업과 연구 수행에 필요한 최저 기준 확보 수준에 머물고 있기 때문에 선진국의 대학시설 및 실험실습시설에 비하면 아주 미흡한 실정이다. 따라서 급변하는 국내외 상황변화에 능동적으로 대처하고 국제경쟁력 향상에 지장이 없는 현대화된 시설과 설비를 갖추어야 한다. 특히, 1999년 6월에 공고된 두뇌한국 21사업(Brain Korea 21사업)은 연간 2천억 원씩 7년간 총 1조 4천억 원을 투입하여 '학사과정 정원 감축' '대학원 문호개방' '대응자금 확보' 'SCI급 논문게재 의무화' 등을 주축으로 하는 대학교육개혁으로, '국제적 수준의 창의적 선진 연구인력 양성' '산학협동 강화 및 자립기반 조기달성' '세계 수준의 외국대학원 벤치마킹을 통한 경쟁력 확보' 등을 주요 내용으로 하고 있지만, 선진국의 대학교육활동과 어깨를 겨루기에는 아직도 미흡한 실정이다(교육부, 1999. 7).

제1기 BK21 사업은 대학사회에 여러 가지 문제점과 갈등을 초래하면서 추진되었지만 대학 연구 풍토를 조성하는 계기를 마련했다는 점에서는 긍정적 평가를 받았고, 2006년부터는 제2기 BK21 사업이 진행 중이다. BK21 사업으로 인하여 연구비 부족에 허덕이고 있던 상당수의 대학들에게 큰 혜택과 자극을 주게 되었지만, 대학에서의 연구사업이 국가가 관장하는 연구 프로젝트의 수행으로 축소되면 기능적 지식의 발전에는 기여하겠지만 비판적 지식의 발전은 위축시킬 수밖에 없다는 비판을 받게 되었다(김세균, 1999). 대학의 연구가 활성화되려면 우수한 교수진은 물론, 연구를 수행할 만한 수준의 대학원 학생진, 필요로 하는 연구비의 지원, 첨단 도서 및 학술정보, 실험 실습기자재 및 설비의 확보 등 대학 자체의 인프라가 뒷받침되어야 한다.

2003년에 「산업교육진흥법」을 개정하여 「산학협력촉진에 관한 법률」을 공포함으로써 대부분의 국 · 공립 및 사립대학에 법인 형태의 '산학협력단'이 설치 · 운영되고 있다. 산학협력단은 산학협력 계약의 체결 및 이행, 산학협력사업과 관련된 회계의 관리, 지적재산권의 취득 및 관리에 관한 업무, 대학시설 및 운영의 지원, 기술의 이전 및 사업화 촉진에 관한 업무 등을 수행하고 있다. 그러나 사립대학의 총 · 학장 산하에 이러한 특별기구를 설치 · 운영하는 것은 학교법인의 개입 없이는 현실적으로 불가능하며, 국 · 공 · 사립 할 것 없이 총 · 학장들이 일정한 임기제로 근무하고 있어서 산학협력단 사업이 지속적 · 성공적으로 수행되기란 쉽지 않을 전망이다.

6. 대학교육 · 행정조직

　우리나라 대학교육조직은 사범계나 의약계 대학을 제외하고는 전반적으로 학부제를 근간으로 하여 '전공'을 학문의 기본단위로 하고, 몇 개의 전공을 묶어 '학부'로, 몇 개의 학부가 단과대학을 구성하고 있고, 단과대학과 대학원을 합하여 종합대학체제를 구성하고 있는 것이 일반적이다. 이 밖에도 특정 분야의 전문인력을 양성하기 위하여 대학원만을 두는 대학원대학이 설립 · 운영되고 있다. 그러나 학부제로서의 효율성을 유지하려면 성균관대학교나 대부분의 일본대학들의 대학교육 학사조직체제처럼 중간과정에 단과대학체제를 배제하고 학부가 학문 및 행정단위로 되는 것이 바람직하다.

　「고등교육법」에는 국 · 공립대학에만 고유한 조직이나 의사결정구조에 관한 특별한 규정이 없기 때문에 국 · 공립대학의 조직을 한마디로 설명하기는 어려우나 총 · 학장 책임 하에 교수회, 평의원회, 학장회, 인사위원회 등을 학칙에 규정해 놓고 있는 것이 일반적이다. 반면에 사립대학들은 유지법인인 학교법인 이사회를 정점으로 하여 총장, 대학평의원회, 교수회, 교무위원회, 교원인사위원회, 예 · 결산 자문위원회 등 각 대학특성에 맞는 행정조직을 가지고 운영하고 있다. 우리나라 대학행정조직은 일반적으로 교무행정을 수행하기 위한 교무팀, 학적팀, 학생행정을 수행하기 위한 장학팀, 복지 · 후생팀, 기획 · 연구업무를 수행하기 위한 기획팀, 연구지원팀, 지원관리를 위한 총무팀, 재무팀, 시설팀 등을 주축으로 하고, 전산원, 도서관, 박물관, 산학협력단 등을 부설기관으로 설치하여 운영하고 있다.

7. 대학교육 구조의 조정

대학교육의 구조조정은 전공 및 학과와 같은 학문조직 및 학사 · 일반 행정조직의 구조조정, 교육과정의 구조조정 등이 있을 수 있다. 일차적으로 정원을 채우지 못하는 전공이나 학과는 특성화 중심으로 유사전공이나 학과로 통합 · 운영하는 등 전반적인 조직의 슬림화가 불가피하다. 대학에 개설되어 있는 백화점식 다양한 전공이나 학과를 대학의 실정에 부합되도록 몇 개의 분야로 특성화하고 이를 집중 육성하여 핵심 역량과 자체 경쟁력을 성장시키는 등 지속적인 자구 노력도 필요하다. 대학이나 대학원을 신설하기는 쉬워도 통폐합과 같은 구조조정은 무척 어렵고 많은 후유증을 낳을 수 있기 때문에 신중을 기하여 신설하여야 한다. 각 대학마다 다양한 전문 · 특수대학원 등 각종 대학원을 난립시켜 정원을 채우기에 급급하고, 부실한 운영을 하는 등 질적으로 위험수위에 와 있고, 각종 부속기관, 연구소 등도 경쟁이나 하듯이 신설 · 운영되고 있으나, 겨우 명맥만 유지하면서 부실한 운영을 하여 대학운영에 인적 · 재정적 낭비를 초래하고 있는 경우가 적지 않으므로 대승적 차원에서 부실한 기관 및 인원을 과감하게 구조조정할 필요가 있다.

현재 급격히 감소한 대학입학 학령인구는 향후 10여 년간 그 상태가 유지된다고 보는 것이 관련 전문기관들의 분석전망이다. 따라서 각 대학들은 학생자원을 수학 적령기에서만 찾기보다는 지역, 직장, 사회단체 등 각종 사회단체 및 산업체의 정규교육 및 보수교육의 위탁 수행, 적기에 교육 기회를 놓친 사람 등 비적령기의 인적자원을 새로운 학령인구로 창출하여 교육하는 등 평생교육기관으로 거듭나는 것도 한 방안일 수 있다. 시간제등록제 및 학점은행제가 점진적으로 확대되어 일과 학문의 병행 및 상호 교류가 일반화될 전망이므로 각 대학은 정시제, 야간제, 계절제 등을 다양하게 운영하여 전일제 학생뿐만 아니라 정시제(part time student system) 학생들도 수강이 가능하도록 하고 평생교육체제를 운영할 수 있는 기반을 조성하는 것이 필요하다.

이러한 기구 축소 및 정원미달 대학과 도산한 대학에서는 유휴 교육시설의 발생이 불가피하고, 앞으로 이의 대체 활용이나 처분문제가 새로운 문제점으로 나타나게 될 전망이다. 최근에 정원 미충원과, 교육 기능의 합리적 운영과, 경영 합리화 차원에서 대학 간 통폐합을 중심으로 한 구조조정을 유도하고 있지만 각 대학 간의 이해관계가 얽혀 소기의 성과를 얻지 못하고 있는 실정이다. 대학의 수익용 기본재산은 교육과학기술부장관의 허가를 얻어 처분할 수 있으나 교육용 기본재산은 매도하거나 담보에 제공할 수 없도록 현행법은 규정하고 있다. 유휴 교육시설 문제를 해결하기 위해서는 위험부담이 크거나 어려운 벤처기업이나 특수기업을 신규사업으로 선택하기보다는 대학의 기존학과와 연계된 사업을 택하여 운영하는 것이 바람직하다.

우리나라 대학교육의 80~90%를 사립대학이 담당하고 있지만 정부에서는 그 공공적 기능을 수행할 수 있도록 법적 뒷받침을 해 주기보다는 사학을 영리기관과 동일하게 분류하여 국·공립대학에 비하여 부당한 과중한 부담을 부여하는 등 차별화하고 있다. 현행 관련 법규에 의하면 학교시설용 농지, 산지를 전용하는 경우의 새 농지 조성비용을 국·공립대학은 감면해 주고 있는 데 반하여 사립대학에 대하여는 부담시키고 있다(농지보전이용법 제4조). 또한 학교 교직원 중 건축사 면허 소지자가 있는 경우에 건물 신축에 따른 자체 설계 및 공사감리를 국·공립대학에는 허용하고 있는 데 반하여 사립대학에는 허용하지 않고 있다(건축사법 제23조). 또한 장애인 고용에 있어서도 국·공립대학에는 정원의 2%를 권장하고 있지만 사립대학에는 정원의 5% 채용을 의무화하고 있다(장애인고용촉진법 제23~24조). 또한 기업에서 국·공립대학에 학교건물을 신축 기부하는 경우에 신축비용을 손비처리해 주고 있는 데 반하여 사립대학에 기부하는 경우에는 손비처리해 주지 않고 있다.

8. 대학교육의 발전 방향과 국제경쟁력

한국대학교육협의회(1992)는 대학교육체제의 변화에 대한 전망과 기본 방향 및 발전 방안을 다음과 같이 제시하고 있다.

- 대학체제의 변화에 대한 전망: ① 교육 민주화나 대학 자율성의 신장과 그 정착, ② 지원 조성을 위한 대학정책으로의 전환, ③ 교육 기회의 보편화와 개방화의 불가피, ④ 대학교육체제의 다양화·실질화, ⑤ 정원관리와 학사운영상의 불가피, ⑥ 교육여건 개선을 위한 자구노력의 활성화와 외부 지원제도의 정착, ⑦ 교육의 질과 대학운영의 생산성 보장을 위한 대학평가제도 정착, ⑧ 산·학·연·관의 협력과 대학 간 협동의 강화 등을 거론하고 있다.
- 대학발전의 기본 방향: ① 대학교육의 질적 수준과 생산성 제고, ② 대학운영의 자율성 신장, ③ 대학교육체제의 다양성 추구, ④ 대학의 균형발전과 그 역할분담, ⑤ 대학교육 연구의 국제화 추진, ⑥ 대학운영의 효율성 제고 등을 거론하고 있다.
- 대학교육 발전 방향: ① 대학의 교육·연구체제에 있어서의 역할 분담과 특성 개발, ② 학생선발 및 정원관리의 단계적 자율화, ③ 교육과정 편성 및 운영의 현대화·합리화 추진, ④ 수업과 연

구 기능의 강화, ⑤ 학생복지와 캠퍼스 환경 개선의 촉진, ⑥ 시설·설비의 현대화, ⑦ 도서관·전산원의 확충과 기능 강화, ⑧ 대학행정과 지원체제의 강화, ⑨ 대학 간 협동 및 산·학·관·연의 협력체제 강화, ⑩ 대학평가체제의 강화와 정착 등을 거론하고 있다.

한편, 교육개혁위원회(1994)가 제시하고 있는 대학교육의 국제경쟁력 강화를 위한 정책대안은 다음과 같다.

• 대학모형의 다양화·특성화: 사회가 요구하는 연구인력, 전문인력, 기술인력 등 각종 인재양성에 적합한 프로그램을 지닌 다양한 대학모형을 대학 스스로 선택하여 대학개혁을 이루어 나갈 수 있도록 종래의 획일적 각종 규제의 철폐 또는 개정이 요망된다. 또한 전공 이수학점 및 교양필수 이수학점에 관한 규정을 대학모형에 따라 탄력 있게 운영할 수 있도록 개정하여 21세기에 필요한 신인력양성에 적합한 대학체제로 개혁한다.
• 연구와 교육지원체제의 혁신: 대학원교육의 질적 강화를 위한 종합적 대책을 마련하고, 각 대학에 대한 정부의 재정지원을 교수의 연구실적 중심으로 집행토록 한다. 대학의 교육과 연구를 위한 도서관, 실험실습실, 전산센터 등 지원시설을 선진국 수준으로 끌어올릴 수 있도록 지원하고, 세계의 정상급 대학과 공동연구체제를 수립하여 우리의 학문을 세계 정상급으로 끌어올리도록 한다. 또한 산학겸임교수제, 산학학위제 등을 검토하여 산·학·연 협동체제를 활성화한다.
• 자율적인 고등교육 행정체제의 구축: 대학관리기구를 보통교육행정으로부터 독립시켜 수준 높은 자율적 관리가 가능하도록 하였는

데, 이명박 정부에서 이를 현실화하여 대학교육행정을 교육과학기술부로부터 분리·독립시켜 대학교육협의회로 이관시켰다. 국립대학 운영의 효율화를 극대화하기 위하여 특수법인화 등 개별대학에 알맞는 운영 방식으로 변화시키고, 대학회계와 감사관계법을 적용하여 대학의 자율적 운영의 활성화를 시도한다. 또한 대학의 운영과 실태에 대한 체계적인 평가 결과를 투명하게 공개하는 제도적 장치를 마련함으로써 대학 간의 질적 경쟁을 유도한다.

제2장
대학교육시설

1. 대학교육시설의 기초

대학교육시설은 대학 이념에 기초한 대학의 교육목적과 목표를 달
성하고, 교육 · 연구 · 봉사와 같은 대학교육의 제반 기능을 원활히
수행하는 데 필요한 교지, 체육장 같은 공간 및 교육기본시설, 연구
시설, 부속시설, 실험실습설비 같은 모든 물리적 환경과 형태를 의미
한다. 따라서 대학교육시설은 대학 교육목표의 효과적 달성을 위한
교육과정 수행을 지원하는 데 필요한 모든 물적 조건을 총칭하는 것
으로서 대학교육과 역동적인 관계에서 이해되어야 하며, 어디까지나
교육활동을 효과적으로 지원하는 수단적 · 매개적 · 보조적인 것이
며, 교육시설 그 자체가 목적이 되어서는 안 된다.

Gardner(1985)는 교육시설의 요건으로 충분성, 적절성, 안정성, 건
강성, 접근성, 융통성, 능률성, 경제성, 확장성, 외관성 등 10가지를
들고 있는데, 기능성, 경제성, 심미성, 안전성, 위생성 등을 교육시설
의 일반적 요건으로 제시하고 있다. 미래지향적인 교육시설은 보다

새롭고 창의적인 것이어야지 구태의연하거나 모방성을 벗어나지 못하면 그 시설투자는 낭비에 불과한 것이 되고 만다. 대학교육시설은 교육자의 꿈이 깃들어 있고 건축가의 얼이 담겨져 있는 고도의 종합기술이어야 한다. 제1장 '1. 대학환경의 변화'에서도 언급한 바와 같이 오늘날의 대학은 각 대학마다, 각 전공마다 특성화된 교육과정을 가지고 차별화된 교육을 하고 있고, 그래야만 생존할 수 있기 때문에 이에 걸맞는 교육시설을 갖춘다는 것은 쉽지 않은 일이라고 하겠다.

한국교육개발원(1981)은 WICHE(Western Interstate Commission for Higher Education)의 분류 방식과 한국의 대학캠퍼스계획에 나타난 분류 방식을 참고해 '대학시설기준연구'를 수행하여 대학교육시설의 표준분류를 크게 '지적시설'과 '건물시설'로 구분하였다. 지적시설은 교지, 체육장, 부속시설(농장, 사육장, 목장, 연습림, 어장, 양식장, 약초원 등) 등으로 분류된다. 건물시설은 교사와 부속시설로 나뉘고, 교사는 강의실, 실험실습실, 교수실 및 교수연구실, 세미나실, 행정지원실 등과 같은 교육·연구시설과 도서관, 강당, 학생복지시설, 대학본부, 체육관 등과 같은 지원시설로 분류된다. 부속시설은 박물관, 과학관, 기숙사, 농장·목장건물, 농·임·수산물 가공장, 부속공장, 부속병원, 부속약국, 부속학교 등으로 분류된다.

이근욱(2005)은 대학시설은 교육·연구시설, 행정업무시설, 후생·복지시설, 정보통신시설, 주거시설, 위락시설, 교통시설, 체육 및 휴식시설 등과 같은 대학 내부적인 구성요소 외에 교육·문화적 요소, 정보중심지, 지역경제중심지, 녹지·휴게공간, 관광자원, 상징적 의미 등과 같은 다른 구성요소들과의 연관에 의해 사회적인 기능을 갖게 된다고 하였다.

현행 대학설립·운영규정에서는 교육·연구활동에 지장이 없는 적합한 장소에 법정기준면적을 확보한 교지시설과 교사시설을 대학

설립의 기본 요건으로 규정하고 있는데, 교지 및 교사는 설립주체의 소유이어야 한다고 요구하고 있다. 대학설립·운영규정에서는 대학의 교사시설을 크게 교육기본시설, 지원시설, 연구시설, 부속시설 등으로 구분하고 있는데, 교육기본시설은 강의실, 실험실습실, 교수연구실, 행정실 및 그 부대시설로 구성되어 있다. 연구시설은 연구용 실험실, 대학원 연구실, 대학부설연구소 및 그 부대시설 등으로 구성되어 있고, 부속시설은 박물관, 학생기숙사 및 부속학교 등의 공통시설과 각 학문계열별 부속시설 등으로 구성되어 있다.(교육부, 대학설립·운영규정 제4조 제1항 별표2).

2. 대학시설에 민자 유치

대학설립·운영규정 제4조 제7항은 민간자본으로 학교건물을 신·개축할 수 있는 근거를 마련하고 있어서 앞으로 대학시설 운용에 많은 변화가 예상된다. 민간투자사업(Build-Transfer Lease: BTL)은 민간이 자금을 투자해서 공공시설을 건설하고, 민간은 시설완공 시점에서 소유권을 정부에 이전하는 대신 일정 기간 동안 사용·수익권한을 획득하고 민간은 시설을 정부에 임대하고 그 임대료를 받아 시설투자비를 회수하는 새로운 유형의 민간투자 방식이다. 국립대학을 비롯하여 일부 사립대학들에서 학생기숙사, 체육시설, 연구시설, 편의·복지시설 등의 확충에 민간투자사업을 활용할 수 있다. 대학 캠퍼스 안에 민간투자가 허용되면서 재원이 부족한 대학과 마땅한 투자처를 찾지 못한 시중자금의 이해관계가 맞아 떨어지면서 이러한 움직임은 더욱 활성화되고 각 대학들이 민간투자 유치에 열을 올리고 있다.

일부 국립대학을 중심으로는 민간사업자가 대학부지 내에 학교시설물을 건립해 주고, 건물 준공과 동시에 소유권은 대학에 귀속시키며, 일정기간 해당 시설을 운영하여 사용료나 수수료를 받아 시설비용을 회수하는 민간투자사업(Build Transfer Operate: BTO) 방식이 도입되고 있어서 관심을 집중시키고 있다. BTO 방식은 민간사업자가 일정기간 해당 시설을 지어 주고 그 임대료를 받는 BTL 방식과는 차이가 있다. BTO 방식은 선진국형 안전한 수익형 민자투자사업의 일종으로, 활성화된 상권이 있는 일부 대학 등 기존의 대학가 상권에도 영향을 주게 될 전망이다.

제3장
대학교육시설의 절차

교육시설은 교육시방서 작성, 설계·입찰·시공·준공, 유지관리 등의 순서로 이루어지는 것이 일반적인데, 상술해 보면 다음과 같다.

1. 교육시방서의 작성

훌륭한 교육시설을 갖추기 위해서는 전문적 식견이나 면밀한 조사연구를 토대로 하여 성실하고 용의주도한 시설계획을 세워야 한다. 교육시설계획의 핵심적 계획활동은 교육시방서(educational specification)로부터 시작된다. 교육시방서는 교육사양서라고도 하는데, 교육프로그램과 학교시설 간에 연계를 맺어 주는 것으로, 앞으로 시공할 교육시설을 실제로 활용할 학교장이 교육전문가이자 건축주로서의 입장과 요구 및 바람직한 학교시설의 요건 등을 건축설계자에게 보내는 시설에 대한 철학이 담긴 명세서이자 주문서이기도 하며, 건축가와의 의사소통 행위이기도 하다.

George(1985)는 학교의 교육목표와 철학, 교육과정 조직, 수업의 형태, 학습집단 편성, 강의실 활용, 교지면적 및 활용, 각종 기자재의 종류 및 수량, 미래의 확장성, 지역사회와의 관계 등이 교육시방서에 포함되어야 한다고 주장하였다. 또한 미국학교건축위원회(National Council on Schoolhouse Construction)(1964)에서는 학교의 철학과 목표, 수용할 학생, 교지와 교지의 조성, 건물의 전반적 계획, 내부공간의 전반적 배치, 공간의 다각적 이용대책, 사용할 수 있는 자금, 미래의 확장성, 각 공간에서 행할 활동, 위치와 통로, 비품과 설비, 창고, 오물처리시설 등이 교육시방서에 포함되어야 한다고 주장하였다. 따라서 교육시방서에는 그 시설에 수용할 대상, 수용집단조직, 그 시설이 담당할 기능, 교육과정, 교육활동, 비치하게 될 기자재, 사용하게 될 물품, 필요로 하는 공공시설 등에 대해서 설계자가 설계 시에 참고할 수 있도록 작성되어야 한다.

2. 설계, 입찰, 시공, 준공

건축공사에는 언제나 건축주·설계자·시공자 등 3자가 존재하게 되는데, 설계자는 건축주(학교당국)와 시공자 사이에서 건축주가 제출한 교육시방서를 바탕으로 하여 설계자로서의 전문지식과 기술을 발휘하여 시공자에게 그 의도가 충분히 전달될 수 있도록 설계(도면 견적서)하게 된다. 건축주와 설계자의 의견이 합의될 때까지는 약설계도면을 작성하여 몇 번이고 협의하여 설계도면을 재작성하고, 양자의 합의가 이루어지게 되면 기본 설계 단계로 넘어가게 된다.

설계가 완료되면 건축주는 공개입찰 절차에 들어가게 된다. 공개

경쟁입찰과 수의계약 방법은 각각 일장일단이 있으나 일반적으로 공개경쟁입찰에 의한 계약 방법을 원칙으로 하고 있다. 공개경쟁입찰 방법은 업자들이 담합할 우려가 없고, 공사비를 저렴하게 발주할 수 있으며, 모든 업자들에게 똑같이 기회를 줄 수 있다는 장점이 있다. 그러나 입찰 절차 및 수속이 복잡하고, 공사가 조잡해질 우려가 있으며, 감독이 곤란해질 우려가 있다는 단점도 있다.

건축공사에 대한 설계에서부터 시공·감리에 이르기까지 보다 과학적인 관리·통제가 가능하여 건축공기와 비용을 절감시키는 데 종합계획관리기법(Program Evaluation & Review Technique: PERT)을 도입·적용하면 도움이 될 것이다. 모든 공사가 완공되면 준공검사를 필한 후에 사용하게 된다. 건물을 사용하게 될 모든 구성원들은 건물을 보다 잘 관리하기 위하여 건물의 구조, 특징 등에 대한 오리엔테이션을 하는 것도 바람직하다.

PERT는 하나의 프로젝트 수행에 필요한 세부사업을 단계(event)와 활동(activity)으로 세분하여 관련된 계획공정(network)으로 묶고, 이를 최종 목표로 연결시키는 새로운 과학적 종합계획관리기법이다. PERT에서 단계는 규정된 하나의 순간으로서 세분된 계획의 한 활동의 착수시점인 동시에 완료시점을 나타내며 다음 계획을 위한 준비 완료시점이기도 한데, 공정상에서는 'O'로 표시하고 있다. 한편, 활동은 규정된 계획을 수행하기 위해 시간과 자원이 요구되는 요소작업 과정을 의미하는데, 공정상에서는 '→'로 표시하고 명목상의 활동(dummy activity)은 '⇢'로 표시하는 것이 일반적이다. 명목상의 활동은 아무런 시간이 소요되지 않는 활동인데, 세부 계획공정에서 단계 간의 상호관계나 제약관계를 명료하게 해 주는 역할을 하게 되며, 공정상에서 화살표의 길이는 원칙적으로 작업 수행의 소요시간과는 무관하다.

PERT의 기본 원리로는 계획의 세련화, 전원참가의 원칙, 상하공동 책임원칙, 협력체제 개선, 소요시간(20~30%) 및 소요경비(15%)의 절감, 목표달성 가능성 추정 가능 등이 제시되고 있다. PERT는 계획을 수립할 때 몇 번이고 손질하여 실정에 맞고 실현 가능한 계획으로 세련화시킬 수 있고, 계획 집행 도중에도 자주 손질하여 조정·갱신하는 등 갱신주기가 매우 짧다. 이러한 계획의 세련화는 결과적으로 계획 집행시간을 단축하는 데 큰 도움을 주고 있다. 이처럼 PERT는 상부로부터 하부에 대한 책임체제의 강화라기보다는 일선 담당자의 전문성을 존중해 주는 상향적인 해결 방법으로서, 사업의 설계 단계에서부터 수직·수평 간의 협력체제가 구축되어 프로젝트 집행자 상·하 간에 총체적 협력체제가 구축됨으로써 구성원 간의 의사소통이 활발하게 이루어질 수 있다.

PERT에서 시간추정은 원칙적으로 낙관시간(optimistic time: to), 비관시간(pessimistic time: tp), 최적시간(most likely time: tm)의 세 가지로 추정하게 되는데, 이를 바탕으로 하여 기대시간(expected time: te), 가장 빠른 시간(the earliest expected time), 가장 늦은 시간(the latest allowable time), 여유시간(slack time) 등을 산출하게 되며, 최종적으로는 사업목표를 달성할 수 있는 가능성의 추정이 가능하다.

우리는 어떠한 사업 수행에서든지 여러 가지 경쟁조건에서 이기고 조금이라도 싸고 빠르며 경제적이며 기술적으로 목표에 달성할 수 있는 과학적인 방법을 추구하게 되는데, 이에 대한 대표적인 대안의 하나로 PERT 기법이 많이 활용되고 있다. PERT 기법은 각종 건설사업에는 물론 우주 개발, 미사일 개발, 연구사업, 학교운영계획 등에 이르기까지 각종 신규사업의 계획 및 집행에 널리 활용할 수 있다.

3. 유지관리

준공검사가 끝난 건물에 입주하게 되면 사용자는 관리를 철저히 하여 건물의 수명을 연장시키고 유지비를 절감해야 한다. 건물 유지관리의 목적은 업무능률의 증진을 도모하고, 재해에 대한 안전성을 유지하며, 사용자의 환경위생을 조성해 주며, 시설가치의 저하 방지에 있다.

교육시설의 각 부분은 사용도수와 경과연수에 따라 손상, 고장 등이 발생하게 되는데, 일반적으로 고장은 처음에는 극히 작은 부분에서 시작되나 그냥 방치해 두면 점차로 커져서 마침내 시설 기능의 마비까지 가져와 시설의 수명을 짧게 함은 물론, 재정적으로도 큰 손해를 초래하게 된다. 따라서 교육시설의 보전관리를 통하여 그 기능을 항상 유지하게 하는 것이 필요하고, 교육시설을 유지하기 위한 관리방안으로는 적정한 사용 방법의 강구, 적정한 정기점검, 적정한 보수관리, 적시 수선 등이 거론되고 있다.

제4장
대학교육시설의 방향

　대학의 시설과 설비와 같은 물리적 교육환경은 교육목적 달성의 충분조건은 아니지만 필요조건이라고 하겠다. 국제화, 개방화, 정보화 시대를 맞이하여 대학의 역할과 기능이 다양하게 분화되면서 대학별 특성을 고려한 다양한 물리적 교육환경이 요구되고 있다. 사회변화에 따른 시대적 요구에 알맞은 새로운 형태의 교육 내용, 교육과정 및 방법 등을 다양하게 도입하고 개선해 나가는 교육정보화사업이 절실히 요청되고 있다.

　특히, 컴퓨터를 중심으로 한 정보화 사회가 도래하면서 대학의 공간 개념 및 시설 개념도 크게 변화하고 있는데, 대학교육시설의 인텔리전트화에 의한 교육정보화는 정보통신기기의 급속한 보급과 초고속정보통신 기반의 구축에 의해 가장 효율적으로 활용될 수 있는 분야라고 할 수 있다. 기술을 바탕으로 하는 인텔리전트 시설의 구축은 대학운영의 필수요건으로 요구되고 있다. 대학시설의 인텔리전트화는 교육정보화 시스템, 학사 · 행정업무 자동화 시스템, 건물관리 시스템 등에 적용되고 있다.

무한경쟁에 노출된 대학교육의 효율화를 위한 대학교육시설의 방향을 살펴보면 다음과 같다.

1. 대학시설 · 설비 기준의 재조정

현행 대학설립 · 운영규정은 대학설립 · 인가 신청 시에만 적용될 뿐 개교 이후 교육환경 변화에 따라 교과과정이 변경되거나 새로운 교육시설을 신축할 경우 계열별 분류에 따른 교사 및 교지의 기준면적에 대해서는 적용받지 않고 있다. 최근 대학교육환경의 변화로 인하여 대학시설 기준에서 계열별 구분이 모호해지고 있고, 대학설립 · 운영규정에 규정된 시설 기준은 대학설립 인가를 위한 최저 기준의 성격을 띠고 있어, 최저 필수적인 기준으로 받아들이기보다는 그것만으로 충분한 적정 수준 내지 충분한 수준으로 인식하고 더 이상의 시설투자를 하지 않는 경향이 많은데, 계열별 학생 수에 따라 획일적으로 교사 및 교지면적 등 시설 기준을 산출하는 방식을 벗어나 학과의 수 및 규모 등에 따른 기준 산출로 변경되어야 한다는 주장이 많다(김근수, 2005).

현대의 대학은 연구, 교수, 봉사라는 전통적인 기능의 수행에 그치지 않고 교수와 학생들의 건강과 복지를 위한 생활공간 및 문화 · 예술을 보존 · 진흥 · 창출하는 중심 역할 등이 강조되고 있음에 비추어 볼 때 대학시설의 확충 · 정비와 현대화는 절실한 과제이기도 하다. 따라서 대학설치기준령은 법령의 보수성과 경직성, 수정 절차의 복잡성과 비능률성을 탈피하고, 계속적으로 새로이 나타나는 학문과 기술을 반영하는 학과나 전공 증설, 다학기제 운영, 주 5일제 수업 등에 적합한 시설 · 설비를 유연하게 갖출 수 있는 시설 · 설비 기준과,

장기적인 안목에서 융통성 있게 대처하여 대학의 자율역량을 신장시킬 수 있고, 과감한 규제 완화와 유연성을 가진 기준으로 변모되어야 한다(남정걸, 1995).

미국의 경우에 각 주의 고등교육부(Board of Higher Education)에서 추천 형식으로 고등교육시설 기준을 제시하고 있는 주(Ohio, Maryland)와 주법 또는 고등교육부의 훈령 등으로 시설 기준, 시설계획, 절차 등을 제시하고 있는 주(New Jersey, Massachusetts)가 있으며, 이 외에도 각 대학 나름대로 대학 특성에 적합한 상세한 시설 기준을 설정 · 시행하는 경우 등 다양하다. 한편, 영국에서는 UFC(University Grants Committee)에서 건물의 신축과 개조시설의 기준면적을 설정하고 기준시설의 수용능력을 평가하기 위한 기초적인 기준을 제시하고 있는데, 이 기준이 엄격하게 적용되기보다는 이 기준의 범위 내에서 대학시설의 계획과 이용방안을 세우도록 하고 있다. 우리나라와 일본을 제외한 대부분의 나라에서는 학생 1인당 기준면적을 두지 않고 대학의 재정적 측면을 판단하는 기준으로 삼고 있는 것이 일반적이다.

교육정보화 시대를 맞이하여 각종 학사행정 및 일반행정의 전산화를 뒷받침하고, 기술적 지원을 하고, 각종 멀티미디어 시스템을 유지관리하고 있는 전산정보원은 대학교육시설의 필수시설로 분류되어야 한다. 또한 국제화 시대를 맞이하여 세계 곳곳에서 모여든 학생들이 수학하고 있고, 일과시간대뿐만 아니라 일년 내내 학교 구내에 학생들이 머물고 생활하는 실정이므로 이들의 주거공간인 기숙사도 대학의 필수시설로 분류되어야 할 것이다.

21세기 대학에는 컴퓨터의 보급 확산 및 일반화와 더불어 교과별 코스웨어 개발, 마이크로휘시, CD-ROM의 보급 · 권장, 원격화상수업, 가상수업, 재택수업, 운동장 없는 학교, 원격화상회의 등이 활성화되고 있다. 또한 전통적 대학들과는 달리 캠퍼스 없는 대학

(campusless college), 책 없는 도서관(bookless library), 교수 없는 강의실(professorless classroom)이라는 3무 대학시대(three less college age)를 맞이하는 등(이현청, 1994) 대학교육환경이 급변하고 있다는 점 등을 감안해 볼 때 대학의 시설·설비 기준도 현대적 감각에 맞게 전반적으로 재조정하는 것이 필요하다.

2. 대학교육체제와 교육 방법의 변화에 따른 시설소요 추정

대학교육의 기본 체제가 학부제로 변모되고 평생교육 기능의 강화가 불가피하게 됨에 따라 이에 부응할 수 있는 대학시설이 요구되고 있다. 대학교육의 모형이 다양화·특성화되고, 교과과정의 다양화외 학생들의 교과과정 이수 흐름도 복잡해지게 되므로 각종 시설소요 산출 기준도 종래의 학과단위, 학생 1인당 점유면적에 치중하기보다는 FTE(Full Time Equivalent) 방법을 이용하여 상호 보완적으로 산출하는 것이 합리적이다. 즉, 각 학생별 주당 수강 내용과 시수가 다양하고 상이하기 때문에 이를 학생 수별로 일률적으로 적용하여 학생의 평균을 산출하기보다는 계열별, 학과별, 전공별로 세분하여 산출·적용하는 것이 바람직하다.

수업집단의 규모는 강의실 및 실험실의 수용규모를 결정하는 전제조건이 되기 때문에 이를 감안하지 않고 시설을 할 경우에 강의실 및 실험실이 숫자상으로나 면적상으로는 확보되었다고 하더라도 시설이 미비하여 교과과정 운영이 잘 안 되는 경우가 있다. 따라서 학부, 계열, 전공, 학과 등 교육단위별 수업규모, 교육 방법, 교수 수급사정 등을 고려한 시설이 이루어져야 한다.

오늘날 대학교육은 멀티미디어 시스템 활용을 통한 보조학습 (Computer Aid Instruction: CAI), 재택수업, 양방향 원격교육, 개별화 수업, 가상대학, 전자도서관, 화상회의, 행정업무 자동화 등 학사업무뿐만 아니라 일반 행정업무 분야까지 모든 영역이 전산화되고 있고, 앞으로 더욱 일반화될 전망이다. 특히, 원격화상교육, 재택수업과 같은 원격교육체제, 가상대학체제 등 대학교육에 교수공학적 방법의 도입에 따른 시설·설비 기준을 적절히 갖추어 줌으로써 학생들이 원하는 시간, 장소에서 화상수업, 전자우편, 비디오, 오디오, 컴퓨터 등의 방법을 활용한 교육공학적 수업이 이루어질 수 있도록 뒷받침되어야 할 것이다.

평생교육에 대한 수요가 계속 증가하고, 학생 수의 격감으로 인한 대학재정을 보정할 수 있는 자구책이라는 필요와 맞물리면서 앞으로의 대학은 성인 중심 대학운영이 불가피하게 될 전망이므로 이에 대한 프로그램과 시설이 갖추어져야 한다.

3. 연구조직의 활성화 및 시설 활용의 극대화

그동안 연구보다는 교육 위주로 대학운영을 해 온 우리 대학들은 점진적으로 연구 기능의 활성화에 전력을 기울이지 않으면 안 될 전망이다. 따라서 산학협력단과 같은 연구지원 종합기구를 설치하여 연구를 위한 행·재정지원은 물론, 연구활동에 필요한 고가·특수시설·설비의 공동이용 및 효율적 관리를 시도하고 있다. 대학시설의 활용률 제고를 위해서는 권역별 실험실습기자재센터 혹은 기초과학 연구지원센터 및 연구기기공용센터 운영 등이 권장되고 있다. 특히,

대학 상호 간에 도서, 기자재, 실험실습시설, 연구시설, 기자재수리
정비센터 등을 공동활용함으로써 물적 교류를 증진하고 활용도를 높
이는 것은 매우 바람직한 일이라고 하겠다.

　대학별 시설·설비 투자계획을 수립할 때 대학의 지리적 위치와
학과의 특성, 권역별 협력에 의한 타대학시설 이용 가능성 등을 고려
하고, 나아가 공동투자를 통한 공동이용으로 투자의 효율성을 높일
수 있는 방안을 모색하는 것도 필요하다. 일본에서는 1989년에 국립
학교설치법을 개정하여 '대학공동이용기관'을 설치하고, 현재 이 기
관에 14개 기관, 16개 연구소가 소속되어 있어 시설·설비의 공동이
용 및 연구정보의 상호 이용 등을 적극 추진하고 있다(일본 문부성,
1991).

4. 전자도서관 및 학술정보지원센터의 설립

　대학의 도서관은 도서 및 학술자료를 보관·제시하는 수동적이고
정체적인 역할을 벗어나 능동적인 전자도서관 체제로 탈바꿈하여야
하며, 멀티미디어 교육지원센터나 교수-학습센터와 함께 대학의 교
육·연구 활성화를 위한 주도적이면서 능동적인 명실상부한 학술정
보지원센터로서 역할이 변모되어야 한다. 따라서 도서관의 시설은
대학교육 및 연구의 구심체가 될 수 있도록 전산화·현대화되어야
할 뿐만 아니라, 국내외 최신 학술정보 자료를 신속히 입수하여 제공
하고 도서의 효율적 활용을 도모하기 위해서 다른 도서관과의 학술
정보 교환체제도 강화되어야 할 것이다.

　앞으로 교수-학습 및 연구에 필요한 많은 학술정보를 저장하는
CD-ROM, 책과 영화를 한꺼번에 보여 주는 Boovies(book+movies),

독서확대기 등을 설치하여 시청각적 교육효과를 기하고, 각종 인쇄
매체 학습자료의 전자화 및 데이터베이스화, 근거리통신망(Local Area
Network: LAN) 등을 구축하여 책 없는 전자도서관 체제를 운영하는
등 현행 장서 위주의 도서관 기준에 대한 재검토가 요망되고 있다.
교육 및 연구를 위한 국내외 정보자료의 소재 파악 및 제공을 위해
대학 도서관 간 및 각종 국내외 학술정보기관과의 협력체제 구축, 선
진국의 대학 및 연구소 등과 교육·연구에 필요한 정보 및 자료의
교류를 위한 전산망, BITNET의 구축·운영도 필요하다.

5. 복지·후생·편의시설 및 장애인편의시설의 설치

 학생들의 면학여건을 개선하기 위한 복지·후생·편의시설, 각
종 문화행사활동에 필요한 시설들을 확충하고, 특히 주거공간인 학생
1인당 기숙사 면적을 적정하게 유지하여 기숙사 확보율을 제고하여
야 한다. 특히, 대학 주변 숙박시설이 미비한 지방대학의 경우에는
기숙사확보율 제고를 최우선 과제로 책정하여야 할 것이다.
 대학의 편의시설로는 식당/매장, 의료·보건시설로 보건진료소/
양호실, 건강·체육 서비스 시설로 당구장/탁구장/농구장/수영장,
문화 서비스 시설로 소극장/야외공연장, 상담 서비스 시설로 학생생
활연구소/성폭력·성희롱 상담소, 교수–학습 서비스 시설로 교수–
학습개발센터 등의 설치·운영이 요구되고 있다.
 대학도서관 장애인편의시설에 대한 조사 결과, 서울 소재 대학 중
K대학이 가장 잘 갖추고 있고, 그다음으로는 Y대학, E대학 등이 상대
적으로 우수한 장애인편의시설을 갖추고 있는 것으로 나타났다(메디
칼투데이뉴스, 2007. 10. 23).

장애인편의시설 설치 기준에 의하면, 도서관 출입문은 휠체어가 통과할 수 있도록 최소 0.8m 이상의 폭을 확보해야 하는데, 조사대상 41개교 중 10개교가 출입문을 제대로 설치하지 않았고, 31개 학교는 휠체어가 올라갈 수 없는 경사로를 그대로 방치하고 있었다. 그 밖에 규격에 맞지 않는 열람석, 1층에만 장애인 화장실이 설치되어 있다고 지적되었다. 또한 시각장애인을 위한 점자블록을 제대로 설치한 학교는 18개 학교, 유도 및 안내설비는 3개교였고, 시각장애인을 위한 독서확대기나 컴퓨터를 설치한 학교는 13개 학교, 책 출납 접수대에 휠체어 접근이 가능하도록 규격에 맞게 설치된 학교는 전무했다.

6. 대학시설의 인텔리젠트화

대학시설의 인텔리젠트화에 의한 교육정보화는 정보통신기기의 급속한 보급과 초고속 정보통신 기반의 구축에 의하여 가장 효율적으로 활용될 수 있는 분야다. 대학시설 인텔리젠트화의 목적은 정보화 사회의 급속한 진전에 따른 교육수요자들의 다양한 고등교육 수요에 대처하고, 기존의 교사와 교과 중심의 교육 형태로부터 벗어나 다양하고 유연성 있는 교수－학습활동이 설계·운영될 수 있도록 하여 새로운 교육환경 변화에 적극 대처하는 데 있다고 보고, 다음과 같은 적용 사례 및 그 가능성을 제시하고 있다(배정익 외, 1998).

• 학사·행정업무 자동화 시스템: 교육정보화 시스템은 멀티미디어 강의실 구축, 온라인 통신학교 개설, 재택강의 실시, 종합전산망을 통한 학술정보의 검색, 원격교육 실시, 화상회의 등이 일반적이다. 학사관리 자동화 시스템은 각종 학적변동, 등록 및 장학업

무, 수강신청 안내, 수강신청, 각종 증명발급, 입시업무, 병무관리, 시험관리 등에 활용되고 있다. 행정업무 자동화 시스템은 문서작성, 문서보관, 분류, 검색 등은 물론 도서관 전산화 시스템에도 적용되고 있다.

• 건물관리 자동화 시스템: 건물관리 시스템은 기능분산, 중앙제어, 지하매설물과 교내 건물의 각종 설비와 관련된 제반 정보 파악, 주차관리 시스템, 대학시설 건물관리 자동화 시스템 등에 적용되고 있고, 시큐어리티 시스템 및 방재 시스템, 에너지절약 시스템 등에 적용이 가능하다.

7. 대학시설의 최근 경향과 본보기

건축학 교수 30여 명이 마스터플랜, 리노베이션, 복합화 등 각 대학들이 관심을 갖고 있는 대학건축물의 최근 경향과 방향에 대하여 분석한 자료에 의하면, 대학시설로서의 기능적인 면과 학풍을 나타낼 만한 시각적인 효과 측면에서 연구와 학습을 위한 최소한의 기준을 갖추었고, 특히 기숙사, 회의실, 부속 휴식공간 등 각종 지원시설이 가장 잘 갖추어져 벤치마킹할 만한 대학으로 포항공과대학을 선정하였다.

이 밖에 운동장을 재개발하여 중앙광장 밑에 지하주차장을 비롯하여 열람실, 편의복지시설, 학생 관련 기관을 집중화시킨 고려대학교의 특징으로 보행의 쾌적성을 지적하였다. 또한 낡은 시청각실 강당을 스튜디오, 세미나실, 도서실, 강의실 등으로 리노베이션한 경희대학교와, 운동장을 재개발하여 지하 3개층에 1,800여 대를 주차할 수 있는 주차장과 5,000여 평의 학생복지관 및 경사진 지형에 맞추어 입체적인 접근을 하여 하나의 건물 안에 복합적 기능이 적절하게 조화되도록 건축된 국민대학교 국제교육관 등이 좋은 참고사례로 지적되었다(http://blog.naver.com/PostView.nhn?blogId=cksdl&logNo=189719…2007.12.09).

제5장

대학의 교육과정 운영과 시설 계획

1. 대학교육과정의 특성 및 유형

1) 대학교육과정의 특성

대학은 설립특성과 교육 이념에 따라 교과과정의 운영과 교육 프로그램의 분류가 다르게 제시되는 다양성이 있다. 교육과정 편성에서의 기본 유형을 살펴보면, 학부에서의 학사학위 취득 과정과 대학원에서의 석·박사학위 취득 과정이 있고, 학부에서의 자격증 취득 과정(예: 교사 자격증 취득을 위한 교직과정)과 인증 과정(공학 프로그램 등)이 운영되거나, 학교 실정에 따라 사회교육 프로그램과 야간교육 프로그램이 운영된다. 최근에는 대학의 한정된 재원과 인력을 효율적으로 연계·활용하기 위해 학과 간 및 기관 간 통합 운영 사례가 증가하고 있다.

대학교육과정 운영에서 주목할 만한 또 다른 특성은 수업시간 운영 방식에 있다. 학위과정과 자격증 취득에 기본적으로 요구되는 이수학점과 과목이 정해져 있고, 이를 지원하기 위해 수업시간이 다양한 형태로 편성·운영된다. 과목의 학점 수와 수업활동 방식에 따라 수업시간 수가 다르게 편성되며, 수업시간도 이른 아침에서부터 늦은 저녁에 이르기까지 다양하게 편성된다. 수강자는 배정된 수업시간표에 따라 지정된 강의실로 이동하여 수업활동을 하는 특징이 있다.

시설 측면에서 보면, 학과나 과목별로 다르게 운영되는 특성으로 인하여 강의실 및 실습실 등의 시설공간에 대한 수요를 정확히 추정하기 어렵다. 또한 수강인원 수에 따라 시설 규모가 다르게 지원될 뿐만 아니라 수업 방식에 따라 시설 종류와 설비 시설의 유형이 달라, 교육과정 운영에 필요한 시설 종류와 설비 규모를 정확히 추정하거나 표준화하기 어렵다. 시설을 이용하는 집단도 학생과 교직원뿐만 아니라 지역주민 등 다양하므로 강의활동을 위주로 시설공간을 구성하기 어렵다.

이와 같이 교육과정 운영 방식의 다양성으로 인하여 표준적인 시설 종류와 규모를 계획하기 어려우나, 대개 시설계획은 교육과정의 계열과 학과 분류를 근거로 계열 및 학과별로 운영 요구를 반영하여 수립된다.

2) 대학교육과정의 계열 및 학과 분류

대학의 유형은 일반적으로 일반대학, 산업대학, 교육대학, 전문대학으로 구분된다. 그리고 특성화 사업과 연관된 특성화 모형은 연구중심대학, 교육·연구 병행대학, 교육중심대학으로 분류된다. 대학 설립·운영규정에 제시된 교육과정의 계열은 인문·사회계열, 자연과학계열, 공학계열, 예·체능계열, 의학계열 등으로 구분되고, 대계열에 속하는 소계열은 다양한 학문(학과)이 포함된다(〈표 5-1〉 참조).

‖ 표 5-1 ‖ 대학의 계열 분류 및 유형

대계열	포함되는 소계열
인문 · 사회계열	어학, 문학, 사회, 신학 등
자연과학계열	이학, 해양, 농학, 수산, 간호, 보건, 약학, 한약학 등
공학계열	공학 등
예 · 체능계열	음악, 미술, 체육, 무용 등
의학계열	의학, 치의학, 한의학, 수의학 등

※ 의예과, 치의예과, 한의예과, 수의예과 등은 자연과학계열에 포함.

대학의 시설계획을 수립하기 위해서는 단과대학별, 계열별 혹은 학과별 특성을 시설 규모 기준에 반영하게 되는데, 이 과정에 학문 분류체계가 반영된다. 학술진흥재단에 의한 학문 분류체계는 계열 수준에 해당하는 대분류로 인문학, 사회과학, 교육, 자연과학, 공학, 의약학, 농수산, 예 · 체능의 8개로 구분된다. 각 계열의 대표학과는 〈표 5-2〉와 같다.

‖ 표 5-2 ‖ 대학의 학문 분류와 대표학과 유형

학문 분류		대표학과명
대분류명	중분류명	
인문학	철학, 종교학, 역사학, 한국어와 문학, 중국어와 문학, 일본어와 문학, 영어와 문학, 프랑스어와 문학, 독일어와 문학, 스페인어와 문학, 러시아어와 문학	종교철학, 역사, 어문계열
사회과학	정치외교학, 경제학, 농업경제학, 경영학, 회계학, 무역학, 사회학, 사회복지학, 인류학, 심리과학, 법학, 행정학, 정책학, 지리학, 지역개발, 관광학, 신문방송학, 문헌정보학	정치외교학, 경제 · 경역학, 사회학, 법정학, 지리지역학, 관광, 신문방송, 문헌정보

교육	교육학, 분야교육, 교과교육학	교육학, 유아 · 초등, 교과교육(인문), 교과교육(자연)
자연과학	수학, 통계학, 자연과학일반, 물리학, 천문학, 화학, 생물학, 지구과학, 지질학, 대기과학, 해양학, 생활과학	수학, 물리학, 천문학, 화학, 생물학, 지질학, 해양학, 생활과학
공학	기계공학, 자동차공학, 제어계측공학, 의공학, 항공우주공학, 화학공학, 섬유공학, 재료공학, 고분자공학, 금속공학, 전기공학, 전자/정보통신공학, 컴퓨터학, 토목공학, 환경공학, 교통공학, 건축공학, 산업공학, 안전공학, 조선공학, 해양공학, 원자력공학, 자원공학, 농공학, 산림공학, 생물공학	기계공학, 항공공학, 화학공학, 재료공학, 전기전자공학, 정보기술(IT), 건설환경, 산업(안전)공학, 조선 · 해양공학, 자원공학, 농공학, 생물공학
의약학	의학일반, 치의학, 수의학, 간호학, 응급의학, 약학	의학, 치의학, 수의학, 간호보건학, 약학
농수산	농학, 임학, 조경학, 축산학, 수산학, 식품과학	농학, 임학, 조경학, 축산학, 수산학, 식품과학
예 · 체능	음악학, 미술, 디자인, 연극, 영화, 체육, 무용	음악, 미술, 디자인, 영화 · 영상학과, 체육, 무용

※ 대표학과는 시설 기준면적을 설정하기 위해 연구진이 선정한 것임.
출처: 이화룡 외 3인(2007). p. 161.

홍익대학교의 교육과정 편성 사례를 살펴보면, 석사학위과정에는 이학계열, 공학계열, 인문사회계열, 미술디자인계열의 4개 계열과 학 · 연 · 산 협동과정이 설치되어 있고, 박사과정에는 이학계열과 공학계열, 인문사회계열, 미술 · 디자인 전공계열의 4개 계열과 학과 간 협동과정과 학 · 연 · 산 협동과정이 설치되어 있다.

2. 대학교육과정 운영과 시설공간 구성

1) 시설공간 유형 및 분류체계

대학시설의 공간 유형은 교육활동에 필요한 공간, 지원활동에 필요한 공간, 연구활동에 필요한 공간, 계열별 교육과정 운영에 필요한 부속시설공간 등으로 분류된다. 교육활동에 필요한 시설에는 강의실, 실험실습실, 교수연구실, 행정실, 도서관, 학생회관, 대학본부 및 부대시설 등이 포함되고, 지원시설에는 체육관, 강당, 전자계산소, 실습공장, 학생기숙사 및 부대시설 등이 포함된다.

시설공간을 분류하는 체계는 용도별로 분류되기도 하지만 사용 주체별로 분류되기도 하고, 기능별이나 효율적인 관리를 대학 설립 유형별로 분류하기도 한다. 선진국의 분류체계를 살펴보면, 미국은 실로 배정할 수 있는 유형과 배정할 수 없는 유형으로 분류하고 나서, 실로 배정할 수 없는 유형은 용도별로 10개의 유형으로 그리고 실로 배정할 수 없는 유형은 3개 유형으로 재분류하는 체계를 갖고 있다. 실로 배정되는 10개 공간 유형은 강의실, 실험실습시설, 교수실 및 행정시설, 도서관시설, 특수시설, 공용시설, 지원시설, 건강의료시설, 기숙시설, 미분류시설로 분류된다(〈표 5−3〉 참조).[1]

영국은 교육용 시설(강의실, 세미나실, 대형 강의실, 교수실, 행정사무실, 연구실, 특수분야시설, 학과도서실)과 공용시설(도서관, 행정본부, 학생회관, 식당, 체육시설, 진료시설, 유지관리시설)로만 구분하고 있으며, 일본은 전 대학에 적용하는 분류와 국립대학에 적용하는 분류를

---

[1] 미국의 대학시설분류 매뉴얼(Postsecondary Education Facilities Inventory and Classification Manual: FICM)은 1973년 처음 발간되었고, 2006년 개정되었다.

║ 표 5-3 ║ 미국의 대학시설공간의 대분류체계

분류	공간 유형
강의실 (100 시리즈)	일반 강의시설, 시청각실, 대강의실, 세미나실, 멀티미디어 강의실 등 교육과정상 실험실습을 제외한 교수-학습을 위한 기본적 공간
실험실습시설 (200 시리즈)	특정 전공이나 연계 전공과 관련되어 특수 목적의 기자재와 실험실습 기구를 갖추고 있는 실이나 공간
교수실 및 행정시설 (300 시리즈)	각종 학술활동, 행정과 서비스 등 각 기능을 수행하기 위해 특정하게 배정된 사무실과 회의실 등
도서관시설 (400 시리즈)	열람실, 서고, 개방열람실, 도서출납공간 등
특수시설 (500 시리즈)	특정한 목적과 기능을 수행하기 위한 학군단실, 체육교육공간, 보건진료실, 교육매체실, 온실, 농장시설, 동물사육실 등
공용시설 (600 시리즈)	특정한 기능보다는 교수, 학생, 지역주민 등이 광범위하게 사용할 목적을 가진 집회실, 전시실, 식당, 라운지, 쇼핑 시설, 레크리에이션 시설, 만남의 장, 보육원 등
지원시설 (700 시리즈)	캠퍼스의 여러 활동을 집중하여 지원하는 전산센터, 상점, 중앙창고 영역, 주차 영역, 중앙 서비스 영역 등
건강의료시설 (800 시리즈)	환자(인간과 동물)을 돌보아 주는 시설
기숙시설 (900 시리즈)	학생, 교직원 그리고 방문자를 위한 숙식시설
미분류시설 (000 시리즈)	미사용 혹은 공사 중이거나 보존 중인 시설
동선 영역 (www 시리즈)	칸막이로 직접적으로 영역화되든 안 되든 간에 건물 내에서 복도나 실로 접근하기 위한 공간
건물 서비스 영역 (XXX 시리즈)	건물 청소와 공공 위생 기능을 지원하기 위해 사용되는 공간
기계 영역 (YYY 시리즈)	기계장비, 다용도 서비스와 배관공간 등으로 계획된 공간

출처: 이화룡 외(2007). p. 78.

별도로 제시함으로써 보다 효율적인 시설관리를 기하고 있다.

프랑스는 행정시설, 교육용 시설, 연구용 시설, 기계·변전실, 체육시설, 기타 시설, 중앙전산실, 도서관, 학과도서관, 기숙사, 산학협동시설 등의 13가지로 분류하고 있으며, 독일은 사용 주체를 중심으로 학생용 시설, 교수용 시설, 의료시설, 학생지원시설, 기타 시설로 분류하고 있다. 호주는 기능을 중심으로 연구공간, 행정공간, 상업공간, 일반 강의공간, 도서관공간, 학생 서비스 공간, 기타 시설 등으로 분류하고 있다(이화룡 외, 2007: 80).

우리나라는 교사와 부속시설 등 크게 2개로 분류하는데, 교사는 교육기본시설, 지원시설, 연구시설로 분류되고, 부속시설은 박물관, 교수·직원·대학원생·연구원의 주택 또는 아파트, 공관, 연수원, 산학협력단의 시설과 그 부대시설, 학교기업의 시설과 그 부대시설 및 부속학교가 포함된다(〈표 5-4〉 참조).

‖ 표 5-4 ‖ 우리나라 대학시설공간의 유형 분류

공간 분류	종류
교육 기본시설	강의실·실험실습실·교수연구실·행정실·도서관·학생회관·대학본부 및 그 부대시설로 하며, 도서관에는 다음 각호의 시설을 두어야 한다. 1. 열람실·정기간행물실·참고도서열람실·서고 및 사무실 2. 열람실에는 학생정원의 20% 이상을 수용할 수 있는 좌석
지원시설	체육관·강당·전자계산소·실습공장·학생기숙사 및 그 부대시설로 한다.
연구시설	연구용 실험실·대학원 연구실·대학부설 연구소 및 그 부대시설로 한다.

부속시설	공통		박물관, 교수·직원·대학원생·연구원의 주택 또는 아파트, 공관, 연수원, 산학협력단의 시설과 그 부대시설, 학교기업의 시설과 그 부대시설 및 부속학교
	농학계열	농학에 관한 학과	농장·농장건물 및 농장가공장
		축산학에 관한 학과	사육장 또는 목장과 그 부속건물
		임학에 관한 학과	학술림·임산가공장
	공학계열	공학에 관한 학과	공장
		항공학에 관한 학과	항공기·격납고
	수산·해양계열	어로학·항해학에 관한 학과	실습선
		수산제조학에 관한 학과	수산가공장
		증식학에 관한 학과	양식장 또는 어장 및 그 부속건물
		기관학에 관한 학과	기관공장
	약학계열	약학에 관한 학과	약초원·실습약국
		제약학에 관한 학과	제약실습공장
	의학계열	의학·한의학·치의학에 관한 학과	부속병원
		수의학과	동물병원

비고: 대학 또는 학부(과)의 필요에 의하여 설치할 수 있는 세부 부속시설의 종류는 교육과학기술부장관의 고시로 따로 정할 수 있다.

출처: 교육과학기술부. 대학설립·운영규정 제4조 제1항.

2) 시설공간 구성요건

시설공간 요건은 교육과정 운영을 위해 필요한 공간의 유형과 규모, 환경에 관하여 검토할 때 고려되어야 할 기본적인 요소와 원칙을 의미한다. 시설을 계획할 때 공간 구성요건이 우선적으로 검토되어

야 하는 이유는 시설계획에 영향을 주는 많은 교육과정 및 교육환경
적 요소가 있고, 사용자의 다양한 요구를 반영하면서도 한정된 공간
을 효율적으로 활용할 수 있어야 하므로 시설계획에서는 시설공간의
배정 방식과 기준 등이 검토된다.

공간 구성요건으로 고려되는 내용요소에는 공간의 유형과 종류,
공간의 면적, 크기, 공간을 이용하는 사람, 수납되는 교구 종류 등이
포함된다. 시설계획에서 시설 공간요건은 ① 시설공간 구성 방식, ②
시설공간 유형별 종류 및 면적, ③ 교과별 교구 및 교재, ④ 시설 환경,
⑤ 시설 유지관리로 구분하여 검토된다(박영숙, 2000).

시설공간 구성 방식에서는 시설공간을 구성하고자 할 때 갖추어야
할 기본 원칙과 방향이 제시된다. 시설공간 유형별 종류 및 면적에서
는 시설공간의 용도별로 필요로 하는 시설 종류와 공간면적의 구성
비율이 제시된다. 공간 유형별 면적 기준의 경우 학과의 수업 형태와
참여인원 수 등에 따라 소요면적이 달라지고, 교수의 연구 형태에 따
라 실험용 연구실과 대학원실 등의 면적이 다르게 배정되므로 공간
규모를 설정하는 데 영향을 미치는 요소와 산출 기준을 정할 필요가
있다. 그리고 교육과정 계열별로 필요로 하는 시설 유형의 특성을 감
안하여 갖추어야 할 시설환경 그리고 시설 유지관리 내용도 제시되
어야 한다.

대학시설의 공간 구성 방식은 초·중등 교육시설과 달리 시설계획
에 영향을 주는 많은 요소와 대학별로 다양한 실정으로 인하여 시설
계획 담당자가 보편적으로 반영할 수 있는 기준이 제시되기 어렵다.
그러므로 시설계획에서는 공간 배정의 기준을 설정하는 과정을 합리
화하고 사용자의 요구를 반영하고자 하는 노력이 필요하다.

3) 대학 시설공간의 사용 기준면적 설정 요소 및 방법

대학 시설공간별 사용 면적의 기준을 설정하는 데는 대학의 내외적 요소들이 고려된다. 대학별·학과별·전공별로 시설 사용 형태, 교육 방법, 기자재, 수용학생 등 많은 차이를 보이므로 시설별 필요 규모는 시설 종류와 기능, 사용 목적에 따라 다양하게 나타난다.

2007년 교육인적자원부(현 교육과학기술부)에서는 '대학 시설공간의 효율적 활용에 관한 연구'를 정책연구로 발주(연구책임자: 이화룡)하여 대학에서 기준으로 활용할 만한 기본적인 공간 구성요인과 기준 설정의 원칙 등을 제시하였다. 연구에서는 국내외 대학시설분류체계와 시설 기준을 분석하고, 교육연구시설의 공간 배정 기준과 효과적인 공간관리를 위한 공간관리규정 표준안을 개발하여 제시하였다.

이 연구에서는 대학공간관리규정의 표준안을 마련하기 위해 학과별 학문 및 공간특성 분석과 대학 구조조정과 특성화 전략 및 시설 변화요인 분석 등을 거쳐 학과별 공간특성 분석과 시설 적정 배분 기준을 분석하는 절차를 제시하고 있다. 이하에서는 연구 결과 중 시설 공간의 사용 기준면적을 설정하는 과정에서 검토될 수 있는 다양한 요소와 기준면적산정원칙과 산정 방법에 관한 내용을 제시한다(이화 룡 외, 2007: 148-157).

(1) 공간 배정 기준면적 설정요소

공간면적 기준 설정에 직접적으로 영향을 미치는 교육적 인자와 기능적 인자 그리고 간접적 영향을 미치는 외적 인자가 관련된다.

첫째, 교육적 인자는 대학시설 규모를 설정하는 데 가장 많은 영향을 미치는 것으로 대학 이념과 정책, 학사 구조, 교육 프로그램, 학습 형태와 공간 활용 방법 등이 포함된다. 대학의 성격이 연구 중심인지, 교육 중심인지 그리고 직업 지향적인지에 따라 교육연구시설은 강의실 위주 혹은 연구시설 위주로 구성할 것을 결정하게 되므로 교육적 인자는 중요한 요인이 된다. 각 대학이 지향하는 특성화 전략과 장기발전 전략 등도 시설의 성격을 결정하는 데 직접적 영향을 미친다.

학사 구조 요소에는 본부, 단과대학, 학과의 행정조직 및 기구, 단과대학, 학과 및 전공의 구성체계, 각 학과 및 전공의 성격, 학생과 교수 비율 등이 포함된다. 각 학과 및 전공의 교육 프로그램에는 개설 교과목, 교수의 주당 책임시수 및 초과시수, 전공과 교양시수, 복수 및 연계 전공, 강의 및 실험실습 비율, 주당 강의시수, 졸업학점 수, 전공과 선택과목 수, 교과별 교육 프로그램 운영 방법 등이 포함된다.

학사 구조 요소는 운영특성에 따라 소요면적을 달리 요구하게 되므로 시설공간 구성에 직접적인 영향을 미친다. 즉, 교과별 학습 형태와 학생 참여 범위에 따라 강의실, 실험실습실 등의 소요면적이 달라지며, 교수의 연구 형태에 따라 실험용 연구실, 대학원실 등의 면적이 상이하게 요구된다. 뿐만 아니라 IT를 활용한 교수, 원격강의, 토론강의, 집단 실험강의, 강좌 규모별 배분, 학과 간의 시설 공유 또는 상호 교류관계 등의 교수 방법과 공간 활용 방법에 따라서도 시설 면적에 대한 요구가 달라진다.

둘째, 기능적 인자는 교수 및 학생들이 학습하고 연구하는 공간을 제공하기 위해 고려해야 할 요소를 의미한다. 이에는 학생 수와 대학원생 수, 교수 수, 연구원 및 직원 수 그리고 기자재 및 교구 등이 포함된다. 대학생 수에서는 주간 및 야간 학생 수, 복수전공 학생 수, 과별 및 강의과목별 등록 현황 또는 수강생 수, 학생 활동 범위 등에 따라 시설 규모의 기준이 달라지고, 대학원생 수에서는 석사 및 박사 과정, 전일제 및 시간제 학생 수, 학생과 대학원생 수의 비율 등이 고려된다.

교수 구성과 교수 수에서는 전임교수 수, 명예교수, 전임강사, 연구교수 등의 특별교수 수, 학과별 연구 행태 등이 교수연구실, 교수 전용 연구용 실험실 등의 소요 규모에 영향을 미치게 되고, 시설공간에 비치되는 교구, 가구 및 기자재의 규격과 개수도 검토된다. 특히, 교육연구시설 중 수업용 실험실습실과 연구용 실험실의 사용 기준면적을 설정하는 경우에는 각 실이 요구하는 실험실습 기자재의 크기와 이에 부수되는 설비의 종류와 규격 등이 고려된다.

셋째, 외적 인자로는 고등교육에 영향을 주는 사회적 변화와 이에 따른 시설 요구도의 변화가 관련되며, 국가나 대학의 재정여건과 대학의 시설 확보 현황과 캠퍼스 부지 여건 등이 고려된다. 그리고 대학 구성원들의 대학시설에 대한 교육적 요구 수준과 문화적 수준 등도 고려되어야 한다([그림 5-1] 참조).

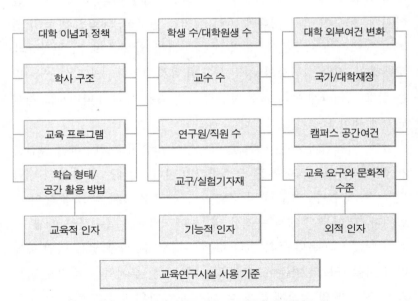

[그림 5-1] 교육연구시설 기준면적의 설정요소

출처: 이화룡 외(2007), p. 152.

(2) 공간 배정 기준면적 제시 방법

대학시설의 면적 기준을 제시하는 방법은 1인당 기준면적 산정 방법, 가중치를 둔 1인당 기준면적 산정 방법, 학생의 좌석 점유시간을 기준으로 하는 방법, 회귀분석에 의한 산정 방법 그리고 주당 수강하는 시간 수를 기준으로 하는 방식 등이 제시되고 있다.

1인당 기준면적 산정 방법은 수용인원 수에 따라 산출하게 되므로 일정한 사용자가 파악되는 규모의 공간에 편리하게 적용할 수 있는 반면, 다양한 실 활용을 반영할 수 없다는 단점이 있다. 주로 교수연구실, 대학원 연구실, 총장실 등 행정 관련실에 적용된다.

가중치를 둔 1인당 면적은 좌석 1인당 면적에 변수별로 가중치를 두어 학생 수 혹은 교수 수를 곱하여 기준면적을 산출하는 방식으로, 학과별 및 전공별 시설 사용 형태가 달라 일률적으로 1인당 면적을 적용하기 어려운 시설에 적용된다. 주로 교수연구용 실험실에 적용된다.

회귀분석에 의한 산출 방식은 학생 수 혹은 교수 수를 독립변수로 설정하고, 시설 기준면적을 종속변수로 설정하여 기준면적과 학생 수 혹은 교수 수의 회귀직선식을 산정하고, 이의 결정계수값이 0.7 이상 1에 가까우면 기준면적과 학생 수의 관련성을 인증하고 회귀분석모형에 대입하여 적정 기준면적을 추정하는 방식이다. 이 방법은 적용이 간편한 반면 수용인원 대비 적정 규모의 적정성을 확보하기 어려운 단점이 있다. 주로 학과시설과 단과대학시설에 적용한다.

주당 수업시수를 활용하는 방식은 주당 최대 이용시간을 고려하기 때문에 다양한 교과과정을 반영하여 공간규모를 설정하는 데 효과적이다. 그러나 학생 수강시간을 조사해야 하는 번거로움이 있다. 주로 강의실과 실험실습실에 적용한다(〈표 5-5〉 참조).

┃ 표 5-5 ┃ 대학 공간면적 기준 산정 방법 및 적용 시설

구분	1인당 면적	가중치를 둔 1인당 면적	회귀분석에 의한 산정식	주당 수업시수에 의한 방법
주요 인자	• 수용인원 • 1인당 좌석 면적	• 수용인원 • 1인당 좌석 면적 • 단위별 가중치	• 수용인원 • 적정 규모	• 활용률, 좌석 점유율 • 주당 최대 이용시간 • 학생 주당 수강시간 수
장점	적용 간편	적용 간편	적용 간편	다양한 교과과정을 반영한 공간규모 설정에 유리
단점	다양한 실 활용을 반영할 수 없음	가중치 설정에 객관성 확보 필요	수용인원 대비 적정 규모의 적정성 확보	• 별도의 학생 수강시간을 산정해야 하는 번거로움이 있음 • 총면적은 구할 수 있으나 규모별 실 수 배분에 어려움
적용 공간	일정한 사용자에게 유사한 규모의 공간이 배정되는 경우	일정한 사용자에게 규모가 다른 공간이 배정되는 경우	수용인원에 따라 공간규모가 달라지는 경우	공간 사용 형태가 다양한 변수에 의해 변하는 경우
대학시설 기준 적용 부분	• 교수연구실 • 대학원 연구실 • 총장실 등 행정 제실	교수연구용 실험실	• 학과시설 • 단과대학시설	• 강의실 • 실험실습실

출처: 이화룡 외(2007), p. 156.

(3) 대학 공간 유형별 배정 기준면적 산정식

2007년도 교육인적자원부에서 수행한 정책 연구 결과에는 교수, 단위학과, 단과대학이 사용하는 공간 유형별로 배정 면적을 산출하는 공식이 〈표 6-6〉과 같이 제시되어 있다. 교수가 사용하는 시설공간은 교수연구실, 대학원 연구실, 교수연구용 실험실로 구분되고, 단위학교에서 사용하는 시설공간은 전공강의실, 전공수업용 실험실습실, 특별교수연구실, 학과시설로 구분되며, 단과대학에서 사용하는 시설공간은 교양 등 공용 강의실, 교양실험실습실, 단과대학시설로 구분된다.

표 5-6 대학 공간 유형별 배정 기준 산정식

사용 주체	실명	공간별 기준면적 산정식	기준면적
교수	교수연구실	전임교수 수 × 기준면적	인문/사회/예술계열: 25m²
	대학원연구실	대학원생 수 × 기준면적	석사과정: 5.5m² 박사과정: 11m²
	교수연구용 실험실	전임교수 수 × 학과별 기준면적	연구용 실험실 학과별 기준면적: 별도 기준 참조
단위 학과	전공강의실	학생 수강시간 수 × 전공 강의실 공간계수	전공강의실 공간계수: 0.05
	전공수업용 실험실습실	학생 수강시간 수 × 학과 별 실험실습실 공간계수	학과별 실험실습실 공간계수: 별도 기준 참조
	특별교수연구실	특별교수 수 × 기준면적	강의: 22m², 연구: 11m²
	학과시설	N1 + 130m²	N1: 학과별 입학정원
단과 대학	교양 등 공용 강의실	학생 수강시간 수 × 공용 강의실 공간계수	공용강의실 공간계수: 0.04
	교양실험실습실	학생 수강시간 수 × 교양 실험실습실 공간계수	교양실험실습실 공간계수 물리실험 등: 0.17 컴퓨터 활용 수업: 0.13
	단과대학시설	3 N2 + 200m²	N2: 단과대학 교수 정원

※ 교수연구용 실험실의 학과별 기준면적은 고집중 분야, 집중 분야, 중집중 분야, 소집중 분야, 미집중 분야로 구분되어 교수 1인당 배정 기준면적 제시.
※ 학과별 실험실습실 공간계수는 1~7그룹으로 구분되어 1좌석당 면적과 공간계수 제시.
출처: 이화룡 외 3인(2007). p. 216.

3. 교육시설공간 분석 및 배분 기준 사례: 부산대학교

부산대학교는 시설공간의 부족 현상과 공간의 빈익빈 부익부 현상을 해결하기 위해 공간자원 배정과 조정 절차의 합리적 기준을 설정하였다. 대학 및 학과별 이기주의를 극복하고 한정된 자원의 효율적 활용을 위해서는 시설공간에 대한 정확한 실태 분석이 필요하고 자원 배분에 관한 원칙을 정해야 한다.

부산대학교의 사례에서는 공간 분석을 위해 공간자원배분원칙을 설정하고 학부 및 학과군의 교육시설공간을 분석한 사례가 부각되어, 공간 분석 절차와 자원배분원칙, 학과군의 교육시설공간 면적 배분 기준 등에 관하여 제시하고자 한다.

1) 시설공간 분석 절차

시설공간 분석 절차에서는 단과대학별 공간자원의 관리 상태와 강의활동에의 사용 실태 등에 대한 공간자원 환경 분석과 학과 및 용도별 공간자원 환경 분석이 포함되었다. 단과대학별 공간자원의 환경

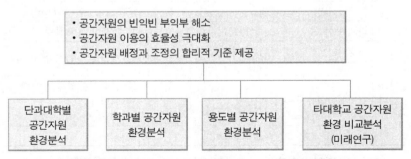

[그림 5-2] 부산대학교의 시설공간 요소 분석 개념도

출처: 부산대학교(2004). 공간자원분석연구, p. 2.

분석과 학과별 공간자원 환경 분석 그리고 용도별 공간자원 환경 분석은 방법론에 따라 시설정보관리 시스템(Facility Information Management System: FIMS) 분석이 이루어졌다.

2) 시설공간 유형별 배분원칙

공간배분원칙은 시설공간의 유형별로 시설 면적을 배정하는 과정에서 기본적으로 적용하는 기준을 의미한다. 부산대학교의 경우, 시설공간 유형은 교육기본시설과 지원시설, 연구시설, 부속시설, 공유시설의 5개로 구분되는데, 교육기본시설은 강의시설, 실험시설, 교수연구실, 행정시설의 4개 유형으로 구분된다. 지원시설에는 도서관시설, 복지시설, 대학본부시설, 체육시설, 집회시설, 정보전산지원시설이 포함되고, 부속시설에는 특수시설, 기숙시설, 공통부속시설, 공학계열 부속시설, 사범계열 부속시설, 약학계열 부속시설이 포함된다.

〈표 5-7〉은 교육기본시설 가운데 강의실과 실험시설에 관한 배분원칙을 제시한 것이다. 범주에서 제시된 시간은 강의시설 중 수업활동이 이루어지는 호실에 대한 주당 수업시수를 의미한다. 주당 수업시수는 월요일에서 금요일까지 1일 8시간씩 주 40시간으로 가정하고, 해당 호실에서 강의를 받은 학생의 학과별 인원 수를 토대로 분석하였다. 다섯 가지 범주에 대한 배분원칙을 기술하면 다음과 같다.

첫 번째 범주는 특정 학과(부)나 전공에서 해당 교육시설에 대하여 100% 배부받는 경우가 속한다. 이는 다시 관리기관이 해당 시설에 대하여 80% 이상 수혜를 입는 경우, 관리기관이 해당 시설을 비효율적으로 방치하고 있는 경우의 두 가지 유형으로 분리된다. 해당 시설물에 대한 수혜가 80% 이상이 되는 것은 연간 주당 80시간(한 학기 주당 40시간 × 2학기) 중 관리기관에서 64시간 이상을 사용하고 있는 경

▌표 5-7 ▌ 교육시설(강의실 · 실험시설)의 범주 및 배분원칙

범주		배분원칙	배부율	비고
1	① (64시간)	교육기본시설로서 전체 수업 중 80% 이상(연간 주당 64시간 이상)을 한 기관에서 사용한 경우: 해당 면적을 100% 사용기관에 배부함	100%	-
	② (20시간)	교육기본시설로서 특정 학과(부)나 전공에서 관리하고 있지만 연간 주당 수업시간이 20시간 미만인 교육시설: 해당 면적을 100% 관리 주체에 배부함	100%	비효율 척도
2		특정 학과(부) 전공에서 관리하고 있지만 수업공간(주당 수업시간 40시간으로 상정)으로 사용되지 않는 공간(그 시간 수에 해당하는 면적을 해당 관리기관으로 넘겨 배부함)	미사용 시간 비율	비효율 척도
3		연간 주당 수업시간이 20~80시간으로 이루어진 교육시설: 해당 강의실 및 실험실의 수업을 수강한 학생의 비율에 따라 수업 학생의 소속학과(전공)로 교육시설을 배부함	수강 학생 수 비율	-
4		단과대학(단위)에 집적된 공간(범주2)을 단과대학의 학과별 소속학생 수(백분율)에 비례하여 재배부함	소속 학생 수 비율	비효율 척도
5		학부(군)에 배부된 교육시설: 소속학과 또는 전공의 학생 수에 비례하여 재배부함	소속 학생 수 비율	-

출처: 부산대학교(2004). 공간자원분석연구, p. 6.

우일 때 해당된다. 그리고 특정 교육시설에서 전혀 수업이 이루어지지 않거나 연간 주당 20시간 이하로 사용된 경우는 비효율적으로 사용된 것으로 보았다.

두 번째 범주는 연간 주당 80시간(한 학기 주당 40시간 × 2학기) 중 64시간(80% 미만)으로 수업이 실시된 강의실에 대해서는 강의되지 못한 시간에 해당하는 백분율만큼의 강의실 면적을 강의용역 상호 수수관

3. 교육시설공간 분석 및 배분 기준 사례

계를 파악하지 않고 해당 관리기관으로 넘겨 배분하는 경우다. 예를
들어, 기계공학부에서 관리하는 A 강의실에서 연간 주당 50시간의
수업이 실시되었을 경우 연간 주당 30시간만큼은 A 강의실이 활용되
지 못한 셈이므로 A 강의실 면적의 30/80은 관리주체인 기계공학부
로 직접 배분된다.

세 번째 범주는 연간 주당 20~80시간까지 수업이 이루어진 강의실
에 대해 해당 강의실의 수업을 수강한 학생의 비율에 따라 수업학생
의 소속학과(전공)로 강의실 및 실험실 면적을 배분한다.

네 번째 범주는 두 번째 범주를 2차 배분하는 유형이다. 관리기관
이 학과나 전공이 아니라 단과대학인 경우 1차로 해당 단과대학으로
배부하였다가 이를 단과대학 소속학과의 학생 비율에 따라 다시 학
과로 2차 배분하는 방식을 취한다.

다섯 번째 범주는 학제 개편에 따라 전공을 2학년 때 배정받는 경
우 1학년 수업은 학부로만 강의실 사용면적을 집적할 수 있다. 이는
공공재의 경우 재화나 서비스의 소비가 경합성이 있으며, 수혜자가
명확하게 구분될 수 있는 경우 사용자의 사용료나 적절한 가격의 지
불을 해당 수혜자가 지불하도록 함으로써 효율성과 형평성을 확보하
고자 하는 방법이다(부산대학교, 2004: 5-6).

〈표 5-8〉은 교수연구실, 행정시설, 연구시설에 관한 배분원칙을
제시한 것이다. 교수연구실은 단과대학별로 교수 수로 나누어 교수 1
인당 공간을 산출하고, 행정시설 가운데 특정 단과대학이나 학과 혹
은 학부에 소속될 수 있는 지원시설은 해당 단과대학이나 학과(학부)
에 배부하는 것으로 되어 있다. 그리고 연구시설은 특정 단과대학과
연관되어 있을 경우 수업시간 점유공간을 제외하고 소속 단과대학으
로 배부된다.

┃표 5-8┃ 교수연구실, 행정시설, 연구시설의 배분원칙

시설 분류	세부 분류	배분원칙 및 내용
교수 연구실	교수 연구실	단과대학별로 집적하여 소속교수 수로 나누어 교수 1인당 공간을 계산
행정 시설	행정 시설	관련 단과대학 시설공간을 집적하여 두고, 학과 행정시설은 각 학과의 점유공간으로 집적함
	지원 시설	일부의 특정 단과대학이나 학과(부)에 소속될 수 있는 지원시설은 해당 단과대학이나 학과(부)에 배부함(예: 학생회실)
연구 시설	연구 시설	특정 단과대학과 명백히 연관된 연구시설은 수업시간 점유공간을 제외하고 모두 소속 단과대학으로 배부함
	부속 시설	특정 학과(부)와 명백히 연관된 부속시설(대학 및 대학원 연구시설과 부속 연구시설)은 수업시간 점유공간을 제외하고 모두 소속학과(부)로 배부함(예: 부속공장, 보육종합센터)
	지원 시설	일부의 특정 단과대학이나 학과(부)에 소속될 수 있는 지원시설은 해당 단과대학이나 학과(부)에 배부함(예: 체육관)

자료: 부산대학교(2004). 공간자원분석연구, p. 9.

〈표 5-9〉는 단과대학의 학과별로 시설면적을 배분하기 위해 면적배분에 관련된 요소들을 분석한 사례를 제시한 것이다. 사례는 〈표 5-7〉에 제시된 범주 1의 두 번째 20시간 미만의 시설 사용 면적이다. 시설 사용 면적의 기준을 제시하기 위해 학생 수, 범주(연간 주당 수업 사용 시간), 배분 면적, 1인당 면적, 1인당 금액과 같은 요소가 연관되어 있음을 보여 준다.

▌표 5-9 ▐ 학과별 교육시설 배분 기준 요소 사례

소속 \ 구분	학과	학생수	범주		배분면적 (m²)	면적비 (%)	배분금액 (원)
공과대학	기계공학부	1,710	1	20시간	9,400.91	73.23	2,576,351,949.6
	조선·해양공학	385	1	20시간	1,441.83	66.31	824,622,227.3
예술대학	미술학과	321	1	20시간	1,218.99	38.0	654,376,802.2
생활환경	식품영양	173	1	20시간	1,088.3	74.67	586,917,773.1
공과대학	토목공학	239	1	20시간	2,237.39	78.34	507,354,278.2
	전자전기통신공학	928	1	20시간	1,825	43.46	494,885,273.2
자연과학	통계학전공	154	1	20시간	1,119.42	67.46	356,396,204.5
생활환경	아동주거학과	154	1	20시간	650.02	63.93	310,128,895.5
자연과학	화학전공	327	1	20시간	1,283.4	63.87	293,857,556.9
	수학전공	253	1	20시간	287.49	33.97	264,959,420.2
법과대학	법학과	762	1	20시간	999	45.29	225,180,683.9
공과대학	산업공학과	208	1	20시간	647.7	61.17	221,477,737.6
사범대학	수학교육과	149	1	20시간	188.66	29.9	173,874,723.3
공과대학	항공우주공학과	178	1	20시간	1,018.44	75.77	163,721,682.8
나노과학	나노과학	112	1	20시간	171.63	62.54	158,179,363.8
생활환경	의류학과	152	1	20시간	306.64	37.14	153,110,460.0
사범대학	유아교육과	129	1	20시간	213.84	60.22	138,569,547.4
자연과학	물리학전공	243	1	20시간	1,547.32	70.1	136,533,201.5
	대기환경과학전공	199	1	20시간	402.24	51.66	128,063,469.7
사범대학	체육교육과	169	1	20시간	521.3	56.6	121,359,336.3
공과대학	정보 컴퓨터 공학	580	1	20시간	483.67	24.75	119,219,676.6
예술대학	음악학과	316	1	20시간	311.22	23.34	99,423,763.5
공과대학	도시공학과	150	1	20시간	979.1	70.52	84,556,427.2
자연과학	지질환경과학전공	147	1	20시간	912	69.69	74,174,063.5
	생물학전공	137	1	20시간	414.05	68.56	70,331,133.4

자료: 부산대학교(2004). 공간자원분석연구, p. 64.

제 2 부

제 2 부
대학시설 환경 진단 및 기준 분석

제6장
대학시설 현황 및 전망

대학경영은 저출산으로 인한 학생 수의 감소, 정부 재정의 감소, 국립대학의 통폐합과 법인화 움직임 등으로 인해 점점 더 어려워질 것으로 예상할 수 있다. 이러한 외부적 요인은 대학 내부의 학과 간 통폐합이나 시설의 확충, 공간 이용의 효율화, 특성화 등을 유도하고 있다.

21세기의 사회는 정보화 사회이며 여러 새로운 학문이 등장하고 있는 사회다. 따라서 대학의 교육과정이나 기능은 물론이거니와 대학시설 또한 변하여야 한다. 제1차 베이비 붐과 함께 고등교육에 대한 국민적 열의에 따라 입학생 수의 확보에 걱정이 없었던 대학들은 제2차 베이비 붐 시기에 태어난 학생들의 입학연령이 거의 끝나 가고 있는 현시점에서 돌이켜볼 필요가 있다. 그동안 입학생 수의 증가와 교육열은 고등교육의 대중화에 기여하였지만, 이제는 저출산이라는 사회적 현상에 직면하여 대학들은 입학생 수의 급감이라는 찬바람을 맞게 되어 무한경쟁 속에 내몰리게 되었다.

앞으로의 사회는 주지하다시피 평생학습의 사회다. 평생학습사회에서는 정부나 지자체의 공공 및 평생교육시설 그리고 초 · 중등학교, 대학교 등은 지역주민이나 시민 평생학습이 가능하도록 역할을 분담하여야 한다. 이러한 내용은 이미 정부에서도 누차 지적해 오고 있는 사항이기도 하다. 평생학습사회에서 주된 평생교육기관인 대학은 재직자 및 재교육 기회 확대 및 지역특성에 맞는 다양한 평생교육 프로그램을 제공하는 특화된 평생 · 직업교육기관으로 변화해 나가야 한다.

아울러 입학생 중에서 여학생 수의 증가와 외국인 유학생의 증가 등은 향후 대학환경의 변화에 크건 작건 간에 영향을 미칠 것이다. 실제로 일부 대학, 특히 지방의 대학에서는 여학생과 유학생들을 위한 기숙사를 신축하고 있다.

이러한 사회적, 교육적 변화 요인을 안고 있는 우리나라 대학시설은 일부 대학을 제외하고는 필요에 따라 시설을 증축해 온 상태다. 또한 이제까지는 교육에 연관된 시설(강의실, 실험실, 연구실 등) 위주의 획일적인 환경개선사업이 주를 이루었다면, 이제부터는 학교마다 개성이나 특징을 가진 발전 방향에 따른 다양화된 환경개선이 요구되고 있다고 할 수 있다.

이 장에서는 학생 수, 학교 수나 면적 보유 현황 등의 지표로 본 우리나라 대학시설의 현황과, 우리나라 대학시설 설립 기준에 나타나 있는 교지 및 교사 기준에 대하여 살펴보고자 한다. 그리고 최근 대학시설의 건설 방식 현황과 향후 대학시설의 계획 방향에 대하여 언급하기로 한다.

1. 일반 현황

1) 대학생 학령인구 수의 추계

2007년 현재 통계청의 전국장래인구추계 내의 학령별 인구의 추계 중에서 대학생의 학령인구(18~21세)만 별도로 나타낸 것이 〈표 6-1〉과 [그림 6-1]이다. 2008년 현재의 대학생 연령 인구인 2,475,000명을 100으로 볼 때, 2013년까지는 2,734,000명(110.5%)으로 증가하다가 감소하기 시작한다. 이후 2017년에는 현재의 수준과 거의 비슷한 2,523,000명 (102.0%), 2022년에는 2,001,000명(80.8%), 2030년에는 1,648,000명 (66.6%)으로 감소하게 됨을 알 수 있다. 이 통계에 의하면, 향후 5년 이후부터 감소하기 시작하여 2020년경부터는 급격하게 감소함을 알 수 있다.

┃표 6-1┃ 우리나라 대학교 학령인구 수 추이　　　　　　　　　　　　(단위: 천 명)

연도	인구 수	연도	인구 수	연도	인구 수	연도	인구 수
1960	1,941	1983	3,487	2006	2,541	2029	1,668
1961	1,944	1984	3,426	2007	2,495	2030	1,648
1962	1,942	1985	3,395	2008	2,475	2031	1,624
1963	1,900	1986	3,391	2009	2,506	2032	1,598
1964	1,865	1987	3,438	2010	2,574	2033	1,571
1965	1,913	1988	3,513	2011	2,648	2034	1,544
1966	1,991	1989	3,597	2012	2,708	2035	1,518
1967	2,064	1990	3,663	2013	2,734	2036	1,493
1968	2,123	1991	3,658	2014	2,722	2037	1,474
1969	2,159	1992	3,600	2015	2,676	2038	1,459
1970	2,218	1993	3,493	2016	2,606	2039	1,445
1971	2,287	1994	3,358	2017	2,523	2040	1,443
1972	2,449	1995	3,225	2018	2,456	2041	1,424
1973	2,647	1996	3,088	2019	2,380	2042	1,419

1974	2,814	1997	3,044	2020	2,269	2043	1,418
1975	2,995	1998	3,091	2021	2,142	2044	1,420
1976	3,165	1999	3,196	2022	2,001	2045	1,418
1977	3,295	2000	3,275	2023	1,863	2046	1,412
1978	3,432	2001	3,255	2024	1,776	2047	1,400
1979	3,553	2002	3,137	2025	1,731	2048	1,382
1980	3,632	2003	2,953	2026	1,698	2049	1,358
1981	3,636	2004	2,777	2027	1,688	2050	1,329
1982	3,566	2005	2,637	2028	1,684		

출처: 통계청 국가통계포털 홈페이지(http://www.kosis.kr/domestic/theme/do01_index.jsp).

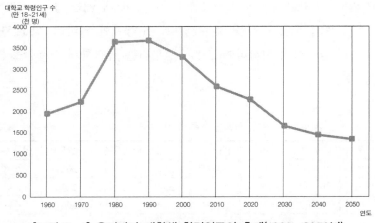

[그림 6-1] 우리나라 대학생 학령인구의 추계(1960~2050년)

출처: 통계청 국가통계포털 홈페이지(http://www.kosis.kr/domestic/theme/do01_index.jsp).

2) 대학생 수의 현황

〈표 6-2〉, 〈표 6-3〉은 1990년부터 2007년까지의 대학을 포함한 고등교육기관의 재학생 수와 학교 수를 나타낸 것이다. 표에서도 알 수 있듯이 학생 수와 학교 수는 계속해서 증가하다가, 2003년을 기점으로 감소하기 시작함을 알 수 있다. 이는 아마도 요즈음이 제2차 베

이비 붐 세대 학생들의 입학 적령기가 지나가고 있기 때문이라고 생각된다. 따라서 향후 서서히 감소하는 경향을 나타낼 것으로 생각하지만, 앞의 학령인구 추계와 같이 생각해 보면, 어느 시기가 지난 후 급속한 감소도 예상된다. 한편, 산업대학이나 전문대학의 학생 수나 학교 수는 점차 감소하는 경향이라고 할 수 있다.

또한 2000년 들어 기술대학이 새로이 생기고, 2003년부터는 원격대학과 사내대학이 생겨 일부의 학생 수를 흡수하였지만, 그 후는 답보 상태에 머물러 있다고 할 수 있다.

∥ 표 6−2 ∥ 연도별로 본 대학교 재학생 수의 현황

연도	대학	교육 대학	산업 대학	전문 대학	각종 학교	방송통 신대학	기술 대학	원격 대학	사내 대학	계
1990	196,550	3,220	9,220	130,520	3,965	49,000	−	−	−	392,475
1991	202,070	3,940	11,420	141,090	3,005	64,000	−	−	−	425,525
1992	211,740	3,940	12,722	159,410	2,315	69,000	−	−	−	459,127
1993	219,890	4,300	16,622	174,490	3,155	69,000	−	−	−	487,457
1994	232,555	4,980	20,992	193,070	4,335	67,500	−	−	−	523,432
1995	253,180	4,980	24,620	215,470	5,405	67,500	−	−	−	571,155
1996	266,195	4,465	39,758	234,275	4,375	68,500	−	−	−	617,568
1997	282,660	4,285	37,644	248,850	1,665	70,500	−	−	−	645,604
1998	305,595	4,285	28,670	278,630	1,310	73,000	−	−	−	691,490
1999	311,240	4,285	31,065	294,250	440	66,400	−	−	−	707,680
2000	314,410	4,735	32,955	294,175	540	66,400	100	−	−	713,315
2001	316,780	4,735	33,200	292,035	540	66,400	100	−	−	713,810
2002	324,309	4,855	34,445	293,174	540	66,400	100	−	−	723,823
2003	327,040	5,015	35,193	285,922	540	66,400	100	21,950	65	742,225
2004	327,740	5,615	31,678	277,223	540	66,400	100	24,500	65	733,861
2005	323,537	6,015	29,899	266,090	540	64,900	100	23,550	40	714,671
2006	321,107	6,015	21,587	247,604	480	59,700	100	22,410	40	679,043
2007	319,882	5,529	21,309	238,069	500	59,700	100	20,747	80	665,916

출처: 교육통계연보(1990~2007년도)에서 정리.

┃ 표 6-3 ┃ 연도별로 본 대학교 수의 변화

연도	대학	교육대학	산업대학	전문대학	각종학교	방송통신대학	기술대학	원격대학	사내대학	계
1990	107	11	6	117	23	1	—	—	—	265
1991	115	11	8	118	20	1	—	—	—	273
1992	121	11	8	126	19	1	—	—	—	286
1993	127	11	12	128	21	1	—	—	—	300
1994	131	11	14	135	22	1	—	—	—	314
1995	131	11	17	145	22	1	—	—	—	327
1996	134	11	18	152	20	1	—	—	—	336
1997	150	11	19	155	10	1	—	—	—	346
1998	156	11	18	158	6	1	—	—	—	350
1999	158	11	19	161	5	1	—	—	—	355
2000	161	11	19	158	5	1	—	—	—	356
2001	162	11	19	158	5	1	1	—	—	357
2002	163	11	19	159	5	1	1	—	—	359
2003	169	11	19	158	5	1	1	16	1	381
2004	171	11	18	158	5	1	1	17	1	383
2005	173	11	18	158	5	1	1	17	1	385
2006	175	11	14	152	4	1	1	17	1	376
2007	175	11	14	148	3	1	1	17	2	372

출처: 교육통계연보(1990~2007년도). 교육인적자원부·한국교육개발원.

아울러 4년제 대학(학생 수, 학교 수)의 증가와 전문대학(학생 수, 학교 수)의 감소는 상관관계가 있는 것으로 보인다. 1980년대까지 일관되게 적용되어 왔던 고등교육 수요 억제정책으로 인해 4년제 대학의 증가는 소폭에 지니지 않았지만, 1980년에 단행된 7.30교육개혁정책으로 인하여 대학 입학 기회가 확대되고, 이로 인하여 대학의 수가 급증하게 되었다. 또한 1990년대 후반에 대학설립 준칙주의에 따라 대학의 수는 더욱 급증하였다.

　이러한 4년제 대학의 증가 경향은 상대적으로 전문학교의 학생 수와 학교의 감소로 연결되었다. 결과적으로 4년제 대학으로 고등교육의 수요가 집중되고 있음을 나타내고 있다고 할 수 있다. 그러나 이미 알고 있듯이 향후 대학교 입학생 수는 매우 급격히 감소할 것으로 보여, 이에 대한 대학들의 생존 전략이 치열해질 것으로 보인다.

2. 시설 현황

1) 교지면적 보유 현황

　우리나라 대학설립·운영규정을 보면 교지 기준면적은 〈표 6-4〉와 같다. 그리고 〈표 6-5〉는 일부 국·공립, 사립대학의 교지면적의 기준과 확보율을 나타낸 것이고, 표에서 나타나 있듯이 모두 100%가 넘고, 국립대의 경우는 거의 200%가 넘는 상태임을 알 수 있다.

▌표 6-4 ▌ 교지 기준면적(제5조 제1항 관련)　　　　　　　　(단위: m²)

학생정원	400명 이하	400명 초과~ 1,000명 미만	1,000명 이상
면적	교사 건축면적 이상	교사 기준면적 이상	교사 기준면적의 2배 이상

※ '학생정원'은 편제완성연도를 기준으로 한 학생정원을 말한다.
※ '건축면적'은 건축법 시행령 제119조 제1항 제2호의 건축면적을 말한다.
출처: 대학설립·운영규정 별표 4 교지 기준면적.

┃ 표 6-5 ┃ 설립 유형별 대학교의 교지면적 보유 현황

구분		국립대	공립대	사립		국립		합계
				대학	산업대	산업대	교육대	국공사립대
대학 합계		24개교	2개교	147개교	10개교	8개교	11개교	237개교
교지시설	보유 면적	19,154,516	856,890	61,487,888	2,293,790	2,509,207	24,274	88,097,806
	학생정원 (명)	291,591	15,085	1,075,870	60,792	41,923	24,274	1,513,982
	기준면적 (m²)	9,676,243	486,950	33,325,405	1,971,108	1,533,589	730,744	47,754,571
	보유율 (%)	198	176	184.5	116.4	163	182	185

출처: 이화룡 외(2007). 대학시설공간의 효율적 활용에 관한 연구. 교육인적자원부. p. 29.

2) 교사면적 보유 현황

대학교시설은 일반적으로 강의실, 실험실습실, 교수연구실, 도서관, 학생회관, 대학본부, 체육관, 기타 등으로 구성되어 있다. 이 시설들은 학교에서 학생과 교직원들의 교육이나 생활활동에 주로 사용되는 중요하고도 기본적인 공간이다. 〈표 6-6〉은 대학시설 기준에서 제시하고 있는 교사시설의 분류를 나타낸 것이며, 〈표 6-7〉은 2006년도의 교육통계연보의 자료를 재구성한 것으로서, 용도별 시설구분을 교육기본시설(강의실, 실험실, 교수연구실, 행정실, 도서관, 학생회관), 지원시설(체육관, 강당, 전자계산소, 학생 기숙사), 연구시설(연구용 시설, 대학원 연구실, 대학부설연구소), 특수시설(박물관, 학군단), 기숙시설(교수 아파트, 총·학장 공관), 기타 부속시설 등으로 구분하고 있는데, 이 구분에 따른 설립 주체별 현황을 보면 다음과 같다(이 중에서 특수시설과 기숙시설의 면적은 학교의 여건에 따라 좌우되는 경우가 많다고 판단하여 분석에서는 제외하였다).

∥ 표 6-6 ∥ 교사시설의 구분(제4조 제1항 관련)

교사 시설		구분	
교육 기본 시설	강의실 · 실험실습실 · 교수연구실 · 행정실 · 도서관 · 학생회관 · 대학본부 및 그 부대시설로 하며, 도서관에는 다음 각호의 시설을 두어야 한다. 1. 열람실 · 정기간행물실 · 참고도서열람실 · 서고 및 사무실 2. 열람실에는 학생정원의 20% 이상을 수용할 수 있는 좌석		
지원 시설	체육관 · 강당 · 전자계산소 · 실습공장 · 학생기숙사 및 그 부대시설로 한다.		
연구 시설	연구용 실험실 · 대학원 연구실 · 대학부설 연구소 및 그 부대시설로 한다.		
부속 시설	공통		박물관, 교수 · 직원 · 대학원생 · 연구원의 주택 또는 아파트, 공관, 연수원, 산학협력단의 시설과 그 부대시설, 학교기업의 시설과 그 부대시설 및 부속학교
	농학 계열	농학에 관한 학과	농장 · 농장건물 및 농장가공장
		축산학에 관한 학과	사육장 또는 목장과 그 부속건물
		임학에 관한 학과	학술림 · 임산가공장
	공학 계열	공학에 관한 학과	공장
		항공학에 관한 학과	항공기 · 격납고
	수산 · 해양 계열	어로학 · 항해학에 관한 학과	실습선
		수산제조학에 관한 학과	수산가공장
		증식학에 관한 학과	양식장 또는 어장 및 그 부속건물
		기관학에 관한 학과	기관공장
	약학 계열	약학에 관한 학과	약초원 · 실습약국
		제약학에 관한 학과	제약실습공장
	의학 계열	의학 · 한의학 · 치의학에 관한 학과	부속병원
		수의학과	동물병원

비고: 대학 또는 학부(과)의 필요에 의하여 설치할 수 있는 세부 부속시설의 종류는 교육과학기술부장관이 고시로 따로 정할 수 있다.

출처: 대학설립 · 운영규정 제4조 1항, 별표 2 교사시설의 구분.

▌표 6-7 ▌ 설립 유형별 교사 용도별 면적

구분		국립		공립		사립		총계	
		면적 (m²)	비율 (%)	면적 (m²)	비율 (%)	면적 (m²)	비율 (%)	면적 (m²)	비율 (%)
교육 기본 시설	강의실, 실험실	2,821,228	40.40	188,405	44.70	11,147,073	45.80	14,156,706	44.60
	교수연구실	589,250	8.44	32,900	7.81	1,812,304	7.45	2,434,454	7.67
	행정실	385,856	5.53	13,804	3.28	984,571	4.05	1,384,231	4.36
	도서관	515,938	7.39	34,605	8.21	1,864,799	7.66	2,415,342	7.61
	학생회관	476,386	6.82	41,757	9.91	1,937,058	7.96	2,455,201	7.73
	대학본부	215,569	3.09	19,454	4.62	1,102,184	4.53	1,337,207	4.21
	계	5,004,227	71.66	330,925	78.52	18,847,989	77.44	24,183,141	76.18
지원 시설	체육관	154,327	2.21	11,222	2.66	710,168	2.92	875,717	2.76
	강당	103,508	1.48	12,513	2.97	669,988	2.75	786,009	2.48
	전자계산소	86,651	1.24	3,584	0.85	156,328	0.64	246,563	0.78
	학생기숙사	734,301	10.51	40,953	9.72	2,918,968	11.99	3,694,222	11.64
	계	1,078,787	15.45	68,272	16.20	4,455,452	18.31	5,602,511	17.65
연구 시설	연구용	373,259	5.34	10,248	2.43	389,247	1.60	772,754	2.43
	대학원 연구실	176,763	2.53	4,961	1.18	219,525	0.90	401,249	1.26
	대학부설 연구소	350,587	5.02	7,036	1.67	427,714	1.76	785,337	2.47
	계	900,609	12.09	22,245	5.28	1,036,486	4.26	1,959,340	6.17
계		6,983,623	100.0	421,442	100.0	24,339,927	100.0	31,744,992	100.00
특수 시설	박물관	75,537		973		180,425		256,935	
	학군단	29,940		2,138		82,291		114,369	
	계	105,477		3,111		262,716		371,304	
기숙 시설	교수아파트	132,000		401		233,772		366,173	
	총학장공관	6,465		79		15,854		22,398	
	계	138,465		480		249,626		388,571	
계열별 부속시설		555,690		1,278		2,899,867		3,456,835	
기타 시설		410,862		14,119		1,520,493		1,945,474	
강당 및 영화관 수용인원		37,465		6,688		384,217		428,370	
의대 부속병원 병상 수		2,516		-		31,787		34,303	
기숙사 수용인원		2,379		3,318		203,824		259,521	
부속병원 설치 기관 수		40		5		-		45	
치의학 부속병원 의자 수		103		-		953		1,056	

출처: 교육통계연보(2006). 교육인적자원부 · 한국교육개발원.

우선 교육기본시설이 예상대로 전체의 약 76%를 차지하고 있어, 국립보다는 공립과 사립대학에서 차지하는 비율이 더 높게 나타나고 있음을 알 수 있다. 그리고 이 중에서 강의실과 실험실이 전체 면적에서 차지하고 있는 비율을 보면, 학교 전체로는 약 44.6%를 차지하고 있는 것을 알 수 있다. 설립 주체별로 보면 사립과 공립대학에서 차지하는 비율이 국립에서의 비율보다 높다고 할 수 있다.

지원시설이 차지하는 비율을 보면, 사립은 18.3%, 공립은 16.2%, 국립은 15.5%를 각각 차지하고 있는 것을 알 수 있다. 특히, 이 중에서 차이가 나타나는 시설을 보면, 강당은 공립과 사립에서, 전자계산소는 공립에서 그 비율이 높았다. 그리고 학생 기숙사는 사립, 국립, 공립의 순으로 나타나고 있다.

연구용 시설을 보면, 전체 면적에서 차지하는 비율은 6.17%로 비교적 적다고 할 수 있다. 앞의 시설보다는 국립대학(12.09%)이 사립대학(4.26%)이나 공립대학(5.28%)보다 2~3배 이상의 면적을 확보하고 있는 것으로 나타났다. 이러한 사실은 우리나라의 대학들이 교육기본시설 건설에 치중해 오고 있었음을 나타내는 것으로도 해석할 수 있다.

한편, 국·공립대학 그리고 사립대학 교사시설의 기준면적에 대비한 보유면적 현황을 나타낸 것이 〈표 6-8〉, 〈표 6-9〉다.[1] 〈표 6-8〉에 의하면, 국립 교육대와 사립 산업대를 제외하고는 모두 부족한 보유율로 나타나 있다. 비록 2개교의 자료에 불과하지만 공립대학의 경우는 84.7%라는 가장 낮은 수치로 나타나고 있음을 알 수 있다.

〈표 6-9〉는 국립대학교의 학생시설 정원 대비 교사시설, 연구시

1) 이화룡 외(2007), 대학시설공간의 효율적 활용에 관한 연구, 교육인적자원부. 〈표 6-9〉는 원래의 표 중에서 일부만 발췌하여 재구성한 것임. 그리고 본문 중의 설명은 상기의 보고서에서 일부 인용한 것임.

‖ 표 6-8 ‖ 설립 유형별 대학교의 교사시설 보유 현황

구분	국립대	공립대	사립		국립		합계
			대학	산업대	산업대	교육대	국공사립대
학교 수	24개교	2개교	147개교	10개교	8개교	11개교	237개교
기준면적 (m²)	4,892,903	233,428	15,696,908	639,386	689,773	391,922	22,593,212
보유면적 (m²)	4,509,956	197,598	14,850,643	778,973	597,924	440,740	21,480,695
보유율(%)	98.8	84.7	94.6	121.8	90.6	116.7	95.1

출처: 이화룡 외(2007). 대학시설공간의 효율적 활용에 관한 연구. 교육인적자원부. p. 29.

설, 부속시설 보유 현황이다. 여기서 교사시설의 기준면적이라 함은 교사기본시설과 지원시설의 합계를 말하며, 교사시설의 경우 기준면적 대비 전국 평균 98.8%의 확보율을 보이고 있다. 즉, 24개 대학교 중에서 10개 대학교의 확보율이 100%를 넘어서고, 창원대, 한국해양대는 90%대의 확보율을 보이고 있으며, 강원대는 80%대의 확보율을 보이고 있다. 그러나 부경대의 시설확보율은 62.5%로서, 같은 국립대학이라고 해도 지역 위치에 따라 차이가 심함을 알 수 있다.

학생 1인당 교사시설 보유면적을 살펴보면 1인당 $20m^2$ 이상을 보유하고 있는 대학교는 서울대, 한국교원대이고, $15 \sim 20m^2$ 범위를 확보하고 있는 대학은 여수대와 공주대다. 그리고 $11 \sim 15m^2$ 미만의 범위를 보유하고 있는 대학은 강원대, 부경대, 창원대, 충남대로 조사되었다.

이처럼 대학 간 학생 1인당 교사시설 보유면적에서 많은 차이를 보이고 있다. 예를 들면, 서울대의 학생 1인당 면적은 $44.4m^2$, 교원대는 $43.9m^2$인 반면 부경대의 학생 1인당 면적은 $14.9m^2$로 서울대가 부경대의 거의 3배에 해당되는 면적을 보유하고 있는 것으로 조사되었

다. 따라서 향후 대학시설 투자는 대학특성화 못지않게 대학 간의 균형적 교육여건 조성에 중점을 두어야 할 것이다.

한편, 각 대학별로 보유하고 있는 연구시설과 부속시설의 보유 면적을 학생 1인당 면적으로 환산해 보면 서울대와 교원대를 제외한 모든 대학이 학생 1인당 $10m^2$ 이하의 연구시설과 부속시설을 보유하고 있는 것으로 분석되었다. 특히, 연구시설 및 부속시설은 교사시설보다 오히려 대학 간 시설 보유 편차가 심한 것으로 조사되었다. 예를 들면, 서울대 학생 1인당 연구시설과 부속시설 면적은 $22.5m^2$인데 반해 창원대는 $1.9m^2$에 불과하여 그 편차가 교육기본시설보다 훨씬 심각한 것으로 나타났다.

‖ 표 6-9 ‖ 일부 국립대학의 교사시설 · 연구시설 등의 면적 보유 현황

	구분	강원대	공주대	부경대	서울대	여수대	창원대	충남대	한국교원대
교사시설	학생시설 정원(명)	16,053	12,000	16,438	24,208	5,195	8,978	20,981	3,602
	기준면적(m^2)	262,687	217,172	270,571	473,443	72,868	140,175	359,995	51,537
	보유면적(m^2)	217,102	225,563	169,138	530,370	92,417	31,316	292,321	96,028
	보유율(%)	82.6	103.9	62.5	112.0	126.8	93.7	81.2	186.3
	부족	△,417	8,391	△01,433	56,927	19,549	△,859	△7,671	44,491
	학생 1인당 보유면적(m^2)	13.5	18.8	10.3	21.9	17.8	14.6	13.9	26.6
연구시설(m^2)		40,813	4,332	60,092	269,459	8,978	445	40,635	5,668
기타 부속(m^2)		63,430	28,510	15,436	274,455	4,107	16,811	8,686	56,286
총보유면적(m^2)		321,345	258,405	244,666	1,074,284	105,502	148,572	361,645	157,982
학생 1인당 보유면적(m^2)		20.0	21.5	14.9	44.4	20.3	16.5	17.2	43.9

출처: 이화룡 외 (2007). 대학시설공간의 효율적 활용에 관한 연구. 교육인적자원부. p. 31.

3) 개선점

이상의 교사면적과 교지면적의 보유 현황에서 알 수 있는 것은 대학시설 전체적으로 교지는 기준보다 많이 보유하고 있으나 교사의 면적은 보유율에 많이 못 미치고 있어 앞으로 지속적인 교사시설의 확보가 필요하다는 것이다. 그리고 교사시설의 면적 확충을 위하여 앞의 표에서 나타난 국·공·사립의 상태에 따라 정비 방향을 달리 설정할 필요가 있다.

아울러 국립대학의 경우는 교육과학기술부, 공립대학의 경우는 시·도, 사립대학에서는 법인이 학교별로 마스터플랜을 작성하여 그에 따른 정비 방침을 설정하여야 한다.

3. 민간자본유치(PFI)사업

1) 배경과 의미

2000년 들어 정부에서는 재정 악화로 인하여 각종 공공건물의 건축에 원활한 재정투자가 어려워지자, 종전의 정부 예산으로 집행하던 재정사업의 건설 방식에서 민간자본을 유치하여 건설하고 정부가 그 건물을 일정 기간 동안 임대하여 쓰는 방식으로 전환하였다. 따라서 민간은 시설을 건축하여 정부에 임대하고 그 임대료를 받아 초기의 시설투자비를 회수한다.

이러한 건축과 소유 방식이 PFI에 의한 건축이라고 한다. 물론 그 이전에도 국가의 기반시설(예를 들면 도로공사, 터널공사, 항만공사 등)에 관한 민간자본 유치로 인한 사업은 진행되어 왔으나, 2005년 이후부터는 대학과 초·중등학교 시설까지 그 범주에 포함시켜 진행하게 된 것이다. PFI에 의한 건축 방식은 어떻게 운영하는가에 따라 여러 방식이 있지만, 현재 일반적으로 많이 나타나는 것이 주로 BTL 방식 그리고 일부의 BTO 방식이다.

2) 사업 방식

민간자본유치사업(이하 민자사업)의 방식은 크게 두 가지로 나뉜다. 민간사업자가 자금을 투입해 시설을 건설한 뒤 소유권을 대학에 이전하고 일정 기간 시설의 관리운영권을 통해 투자비를 회수하는 BTO(Build-Transfer-Operate) 방식이 대표적이다. 보통 20년간 사업자가 시설을 관리·운영하면서 시설 사용자로부터 사용료를 받아 시설투자비를 회수하며, 수익률은 대학과 투자자의 협의에 따라 10% 내외로 정해진다. 이와 유사한 방식인 BOT(Build-Operate-Transfer) 방식은 소유권 이전 시점만 다르다. 민간이 관리·운영하면서 투자비를 회수한 뒤 대학에 소유권을 이전하는 것이다. 반면 BTL 방식은 민간이 공공시설을 짓고 정부가 이를 임대해 쓰는 투자 방식으로 정부 고시 사업이다. 정부가 일정 기간의 수익률을 보장하는 만큼 사업자의 투자 리스크가 상대적으로 적어 BOT 등의 방식보다 안정적이라는 장점이 있다.

민자사업의 업무 절차는 우선 학교가 자신의 교육시설건립계획에 따라 민간투자사업계획을 수립하면, 민간사업자가 사업의 타당성을 검토하게 된다. 사업 타당성 검토에서는 투자금 회수를 나타내는 이자율이 가장 핵심적인 사안이다. 대학측은 최대한 낮은 이자를, 투자자는 최대한 높은 이자율을 요구하면서 통상 2~3년의 장기간 협의로 진행된다. 개인 신용대출처럼 대학의 규모와 역사 등 대학의 신용도를 참고하고, 시행사도 이자율 책정의 근거가 된다. 이후 사업자와

투자자가 선정되면 특수목적법인(SPC)을 설립하고 실시협약 체결 등의 절차를 거쳐 건물 신축 뒤, 기부채납과 시설 운영 후 차입금 상환 등의 절차를 거치게 된다.

3) PFI 사업 실시 현황

최근 많은 대학들이 관심을 보이고 있는 가운데 2007년 8월 21일 착공한 1,200억 원 규모 부산대 효원문화회관(〈표 6−10〉 참조)(현재는 효원 굿 플러스로 명칭이 바뀌었다)이 가장 먼저 완공될 예정이다. 국립대로서는 처음으로 BTO 방식으로 (주)효원이앤씨가 30년간 시설 관리·운영을 맡아 투자금을 회수하게 된다. 부산대가 이 사업을 통해 얻는 유형의 이득은 200억 원 규모의 종합체육관과 30억 원 규모의 공학관, 100억 원 규모의 지하주차장, 정문시설 개선 등으로 모두 공짜로 얻는 셈이다. 여기에 효원문화회관의 일부 공간은 교육·연구시설로 활용하도록 했으며 학교 구성원은 물론 지역주민들의 편의시

‖ 표 6−10 ‖ 부산대학교의 효원문화회관(효원 굿 플러스) 공간 구성 등의 현황

층별	면적 (평)	비율 (%)	세부시설 구성계획	비고
7F	483	2.9	병원시설, 옥상정원	보건진료소 기능 강화
6F	1,354	8.2	학교전용 문화전시공간, 평생교육원	학교전용공간
3F∼5F (3개층)	3,400	20.7	영화관, 매표소, 휴게실 등	인디영화관, 휴게공간 조성
2F∼B2F (4개층)	7,088	43.1	서점, 은행, 우체국, 약국 등 식당, 식음시설, 호프점 등 편의시설, 판매시설 등	학내 편의복지 기능 강화
B3F∼B4F	4,124	25.1	지하주차장	

출처: 효원 굿 플러스(http://www.goodplus.kr/01_goodplus/goodplus_4.php).

설로도 활용된다. 또 사업 시행사는 장학재단을 설립해 장학재원을
확충하고, 사업성과에 따라 발전기금 기부 등 부수입효과도 기대된
다. 한때 상업화 논란으로 일부 구성원들의 반발이 있었으나, 민간자
본 유치에 따라 등록금 인상 요인이 줄고 학내 복지문화공간을 확충
한다는 논리에 반대여론은 수그러들었다.

　대부분의 국립대학에서는 이러한 BTL 방식의 장점을 최대한 활용
하여 각 대학에서 필요로 하는 건물을 신축하고 있는데, 〈표 6-11〉
과 〈표 6-12〉에서도 알 수 있듯이 울산과학기술대학교의 신설 이외
에는 대부분 기숙사 건물이다.

▌표 6-11 ▌ 국립대학에서의 PFI 사업 현황

고시 연도	사업대학(번들링)	대학 수	한도액 (억원)	추진 현황
2005	전북대/전주교대	2	457	기숙사 공사 중
	전남대/목포대/순천대/광주교대	4	958	
	제주대	1	129	
	경상대/창원대	2	447	
	경북대/금오공대	2	423	
	충북대/교원대/청주교대	3	504	
	강원대/강릉대/춘천교대	3	597	
	부산대/부경대/부산교대	3	617	
	충남대/공주대/한밭대/공주교대	4	965	
	한경대/재화복지대/인천교대	3	329	
	소계	27	5,426	
2006	전북대/서울교대	2	277	기숙사 협약완료
	부산대/안동대	2	267	
	소계	4	544	
2007	서울대	1	824	고시 중
	울산과학기술대	1		학교신설 공사 중

출처: 교육인적자원부(2007. 11. 26). 민자사업을 통한 대학시설확충.

[그림 6-2] 울산과학기술대학교 설립 조감도

이렇듯 기숙사 위주의 건설이 많은 것은 각 학교들이 많은 입학생
(지방이나 외국의 유학생, 교환학생 등)을 유치하기 위해서는 기숙사 건
물이 절대적으로 필요하다는 인식과 정부에서도 운영 면에서 다소
수익사업이 가능한 기능의 건축을 우선시하고자 했던 결과라고도 생
각한다.

그러나 사립대학의 경우는 운영 방식에서 국립대학교에서 실시하
고 있는 BTL 방식과는 달리 BTO 방식으로 추진하고 있고, 건물의 용
도도 기숙사가 주된 사업의 종류이기는 하나 게스트하우스, 산학협
력관, 병원 등의 용도로 다양하게 나타나고 있음을 알 수 있다(〈표 6-
12〉 참조).

표 6-12 사립대학교에서의 PFI 사업 실시 현황

협약 연도	학교명	용도	금액 (억원)	사업 방식	완공	관리 기관
2004	한양대(안산)	기숙사 게스트하우스	420	BTO	2006. 2	30년
	중앙대 부고	체육시설	400	BTO	2007.10	30년
2005	건국대	기숙사	460	BTO	2006. 8	13.5년
	강남대	기숙사 산학협력관	300	BTO/BTL	2007. 2	12년
	경희대(수원)	기숙사	483	BTO	2007.12	20년
	한라대	기숙사	85	BTL	2007.12	13년
2006	전주대	기숙사	230	BTO	2008. 3	20년
	경원대	기숙사	89	BTO	2007. 9	20년
2007	인제대	병원	1982	BTL	2009. 9	20년
	서강대	기숙사	410	BTO	2008. 7	20년
	단국대	기숙사	450	BTO	2008.10	20년

출처: 교육인적자원부(2007. 11. 26). 민자사업을 통한 대학시설확충.

4) 향후 계획

이러한 민간자본 유치에 의한 사업은 원래 국가의 공적 재산 증식에 있어 국가의 예산을 사용하지 않고 민간자본을 투자하게 하여, 국가의 예산을 예측 가능한 상태에서 적은 돈(원금과 이자 등에 해당하는 돈)을 매년 균등하게 투자할 수 있다는 점과, 빠른 시일 내에 국가의 공적 재산을 향상시킬 수 있다는 점 그리고 건축이나 운영에 민간의 창의성과 노하우를 받아들여 효율성을 꾀함과 아울러 예산절약을 할 수 있다는 점에 그 의미와 장점이 있다고 하겠다. 따라서 국가의 예산이 투입되지 않는 사립대학에서 건축 등의 사업에 재단의 자본이

아닌 외부의 자본을 끌어들여 하는 사업은 민간자본유치사업이라는
용어를 사용하는 것이 부적절하다. 현재로서는 이에 대한 적절한 용
어 사용보다는 그 방법적인 측면만을 강조하여 시행하고 있는 것으
로 판단한다.

어찌되었든 당분간 이런 사업이 그 규모의 크기 여하에 관계없이
활성화될 것으로 보이는데, 한국대학신문의 기사[2]에서 일부 대학의
계획이나 진행 사항을 발췌하여 언급하면 아래와 같다.

수도권에서는 서강대와 숭실대, 동국대가 사업 시행자를 선정하는
등 복합관 건립이 가시화되고 있다. 경희대도 현재 서울캠퍼스 종합
운동장 자리에 상업시설과 강의실 등을 갖춘 복합건물을 건설한다는
계획을 마련하였다. 경희대는 1년 뒤 입찰을 목표로 사업 타당성 검
토에 돌입했으며, 유스호스텔과 휘트니스센터, 산학협력단과 지하주
차시설도 들일 계획이다.

서강대는 국제인문관 및 50주년 기념관에 교내 첫 대형 유통점인
홈플러스가 입점할 것으로 예상된다. 삼성테스코가 운영사로 건설은
대우건설이 맡아 지층에는 상업시설이 들어서고 문학부 강의동과 연
구시설이 구비된다.

숭실대는 2008년 한 해만 기숙사와 교육문화복지센터 추진으로 모
두 1,000억 원 규모의 민간자금을 유치하였다. 교육문화복지센터는
국내 최대 규모로 숭실대 전철역 바로 옆 역세권을 끼고 있어 숭실대
의 상징건물이 될 전망이다.

수백억 원대에 달하는 대규모 자본을 외부에서 조달하는 민자유치
사업은 이 때문에 초기 자본회수가 쉬운 기숙사에서 서점, 할인마트
등 영리시설과 강의·연구실 등 교육시설이 공존하는 복합시설로 진

---

2) 한국대학신문, '민자유치' 대학이 뛰고 있다, 한국교육신문-숭실대학 공동기
   획 1부(2007. 9. 17)-5부(2007. 10. 22).

화하고 있다. 이처럼 대학가에 상업시설과 교육·연구시설이 들어설
수 있는 이유는 대학측이 교육·연구시설을 무상으로 기부받는 대신
상업시설을 대폭 허용하고 있기 때문이다. 대학 재정의 약 80%를 등
록금에 의존하는 국내 사학의 열악한 재정여건과 신규시장 개척에
목말라하는 기업과 투자자가 만나 대학가 민자유치사업이 급물살을
탈 전망이다.

5) 일본에서의 민간자본유치사업

일본에서의 PFI는 이미 1999년 7월에 「민간자금 등의 활용에 의한
공공시설 등의 정비 등의 촉진에 관한 법률」이 제정되어 실시되기 시
작하였다. 초반에는 주로 대규모의 도로 건설이나 댐 건설, 교량사업
등을 중심으로 민간자본 유치에 의한 사업을 실시했으며, 교육시설에
민간자본 유치를 실시해 온 것은 우리보다 몇 년 빠른 2001년부터였다.

[그림 6-3] 민자사업 유치로 건축된 일본 최초의 정책대학원대학

일본문부과학성은 2000년에 PFI 사업 실시를 검토하기 시작하였으며, 2003년에 국립대학시설을 대상으로 PFI 사업을 실시하기 시작하였다. 국립대학시설 중에서는 동경도(東京都)에 있는 정책대학원대학이 제일 먼저 시작된 사업이었고, 초·중등학교 시설에서의 첫 사업은 동경도 조후(調布) 시에 위치한 조와(調和)소학교의 개축사업(2001)이었다. 민간자본 유치에 의해 학교시설의 건축과 운영을 하게 된 직접적인 동기는, 우선 중앙정부나 지방정부의 재정이 열악해진 것과 함께 21세기에 대응한 고기능·다기능의 지역 커뮤니티 스쿨로서의 학교의 건축과 운영에 막대한 자금이 필요하게 되고, 따라서 민간의 창의력과 자금 등의 활용이 요구되었기 때문이다. 이는 우리와 거의 같은 맥락이라고 생각되지만 수행 방법이나 절차 등을 고려하면 차이가 있다.

〈표 6-13〉에서 알 수 있듯이, 2003년부터 2005년까지 일본의 국립대학법인 등에서 대학교육시설을 대상으로 실시해 온 PFI 사업 수는 14개 대학의 26개 사업이었다. 이 26개 사업의 총사업비는 약 1,220억 엔이고 정비면적으로 보면 약 42만m²이 된다고 한다. 시설 기능별 종류를 보면 교육·연구시설(실험시설 포함), 도서관, 숙박시설(학생 기숙사, 국제교류시설), 복리후생시설, 입체주차장사업이 이에 해당한다.

그리고 향후 도입을 검토하고 있는 사업으로는 의료시설(대학부속병원)과 체육시설, 과외활동시설 등이 있다. 최근 문부과학성은 도입 가능성 있는 PFI 사업으로서 독립채산성이 높은 기숙사나 병원 등을 대상으로 생각하고 있다. 그러한 주된 이유는 사업 실시 이후 매년 지불해야 하는 시설정비비 보조금과 운영비 교부금이 부담스럽기 때문이다. 최근 문부과학성에서 추계한 자료를 보면 2006년부터 급격하게 증가한 시설정비비 보조금은 2017년까지 매년 6,000~7,200억 엔 정도, 운영비 교부금은 2,100~3,500억 엔 정도로 부담을 느끼고 있다고 한다.

║ 표 6-13 ║ 일본에서 민자사업으로 건설 고시된 국립대학시설사업(2003, 2004, 2005년)

학교명	사업명
종합지구환경학연구소	종합연구동 등 시설정비사업
정책연구대학원대학	교사시설정비사업
츠꾸바(筑波)대학	생명과학동물자원센터 시설정비사업
도쿄(東京)대학	종합연구동(환경학연구동) 시설정비사업
도쿄(東京)대학	지진종합연구동 시설정비사업
도쿄(東京)대학	고마바 오픈라보라토리 시설정비사업
기후(岐阜)대학	종합연구동 시설정비사업
가나자와(金澤)대학	부속 도서관동 시설정비사업
교토(京都)대학	종합연구동, 복리·보건관리동 시설정비사업
교토(京都)대학	종합연구동 등 시설정비사업
오사카(大阪)대학	학생교류동 시설정비사업
큐슈(九州)대학	연구교육동 시설정비사업
구마모토(熊本)대학	발생의학연구센터 시설정비사업
고베(神戶)대학	의학부 부속병원 입체주차장 시설정비사업
홋카이도(北海道)대학	환경자원바이오사이언스 연구동 개수시설정비사업
가나자와(金澤)대학	종합연구동 개수시설정비사업
교토(京都)대학	종합연구동 개수(농학부 종합관)시설정비사업
오사카(大阪)대학	연구동 개수(공학부)시설정비사업
큐슈(九州)대학	종합연구동 개수시설정비사업
구마모토(熊本)대학	공학부 외 교사동 개수시설정비사업
가고시마(鹿兒島)대학	환경바이오연구동 등 개수시설정비사업
도후쿠(東北)대학	학생기숙사 시설정비사업
도쿄(東京)대학	고마바 커뮤니케이션·플라자 시설정비사업
큐슈(九州)대학	생활지원시설웨스트, 학생기숙사 시설정비사업
에도(江戶)대학	종합연구동개수사업

출처: 국립대학법인 등 시설정비 PFI 사업 사례집. 일본 문부과학성 대신관방문교시설기획부 계획과 자료에서 발췌 번역.

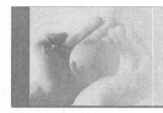

제7장
대학시설 기준 분석

　이 장에서는 국내 대학시설에 관련된 기준에 대하여 이미 다른 보고서에서 언급한 내용을 인용하는 것으로[1] 고찰하고자 한다.

　우리나라 대학시설 기준의 법적 규정은 대학설립제도가 1996년 인가주의(認可主義)에서 준칙주의(準則主義)로 전환함에 따라 전체 대학의 면적에 대한 일정한 조건만을 충족하면 다양한 대학을 자유롭게 설립할 수 있도록 하고 있어, 학교의 설립이 자유롭게 되면서 여러 다양한 시설을 갖춘 학교도 등장하게 되었다. 그러나 한편으로는 교육기본시설 혹은 대학별, 학과별, 실별 시설 기준을 산출하기가 어려워졌다.

　시설별 필요 규모는 시설 종류와 기능, 사용 목적에 따라 다양하게 나타날 수 있다. 특히, 국가 수준 대학의 시설 규모를 설정하는 것은 각 대학의 이념, 정책 및 제반 학사운영에 관련되는 사항들을 반영할 수 있는 종합적인 계획에 의해 결정되어야 하므로 전체 대학에 적용

---

1) 이화룡(2007)의 '대학시설 공간의 효율적 활용에 관한 연구'에서 발췌하여 수록한 것임.

할 수 있는 기준을 만든다는 것이 거의 불가능하다고 할 수 있다.

이 장에서는 대학교육 연구시설의 적정하고 객관적인 배정 기준 면적에 대한 자료와 현황 그리고 문제나 개선점 등을 제공하여 각 대학에서 이를 활용하여 향후 각 대학의 마스터플랜 작성 혹은 시설 정비에 도움이 되었으면 하는 기대에 따라 현행 기준과 국내 시설 기준 등에 대하여 언급하고자 한다.

1. 현행 대학시설 기준 검토 및 분석

1) 현행 교사시설 면적 기준

대학의 설치·운영에 필요한 교원, 시설·설비 등에 관한 기준은 대학설립·운영규정(2004. 3. 5 개정)에 따라 정하도록 되어 있다. 이 규정은 교사시설을 교육기본시설, 지원시설, 연구시설 및 부속시설로 구분하여, 교육기본시설은 강의실·실험실습실·교수연구실·행정실·도서관·학생회관·대학본부 및 그 부대시설로 하며, 대학설립·운영규정의 기준에 의해 산출한 순사용면적과 공유면적을 합산한 면적을 교육기본시설의 기준면적으로 한다. 또한 지원시설은 체육관·강당·전자계산소·실습공장·학생 기숙사 및 그 부대시설로 하며, 대학설립·운영규정의 기준에 의하여 산출한 순사용면적과 공유면적을 합산한 면적을 지원시설의 기준면적으로 한다.

교육기본시설과 지원시설의 면적은 〈표 7-1〉과 〈표 7-2〉에 의한 계열별 학생 1인당 교사 기준면적에 편제완성연도를 기준으로 한 계열별 학생정원을 곱하여 합산한 면적 이상으로 한다. 표에서 산출된 면적은 지원시설 면적이 포함되어 있으므로 교육기본시설 면적 기준

▌ 표 7-1 ▌ 교사(교육기본시설 · 지원시설 · 연구시설) 기준면적 　　　　　(단위: m²)

계열별 ＼ 구분	인문 · 사회	자연과학	공학	예 · 체능	의학
학생 1인당 교사 기준면적	12	17	20	19	20

※ 전문대학 및 이에 준하는 각종 학교의 경우에는 교사 기준면적의 10분의 7에 해당하는 것으로 한다.
출처: 대학설립 · 운영규정 제4조 별표 3.

▌ 표 7-2 ▌ 계열별 구분(제2조 제9항 관련)

대계열	포함되는 소계열
인문 · 사회계열	이학 · 문학 · 사회 및 신학 등
자연과학계열	이학 · 해양 · 농학 · 수산 · 간호 · 보건 · 약학 및 한약학 등
공학계열	공학 등
예 · 체능계열	음악 · 미술 · 체육 및 무용 등
의학계열	의학 · 치의학 · 한의학 및 수의학 등

※ 의예과 · 치의예과 · 한의예과 · 수의예과 등은 자연과학계열에 포함한다.
출처: 대학설립 · 운영규정 제2조 제9항 관련 별표 1.

을 산출하기 위해서는 이에 대한 보정이 필요하다. 또한 교육기본시설은 순면적을 기본으로 하므로 산출된 면적에 1.65를 나누어 대학별, 학과별 기준면적을 산정한다.

2) 종전 「대학설치기준령」에 의한 시설 기준

우리나라의 대학설립제도는 1996년 인가주의(대학설치기준령, 1955. 8. 4 제정)에서 준칙주의(대학설립 · 운영규정, 1996. 7. 26 제정)로 전환하여 일정한 조건을 충족하면 특성화된 대학을 자유롭게 설립할 수 있도록 하고 있으며 이에 따라 대학시설 기준 역시 많이 완화되어 있다.

하지만 현행 대학시설 기준은 전체 면적만을 제시함으로써 교육기
본시설에 대한 구체적인 실별 기준을 제안하지 못하고 있어 대학별
혹은 학과별 시설 기준을 마련할 수 없다는 단점이 있다. 따라서 종
전의 대학설치기준령을 참조하여 대학별·학과(부)별 교육기본시설,
지원시설, 연구시설 및 부속시설의 확보 기준 중 교육기본시설 기준
을 살펴본다.

대학설치기준령에서는 각 계열별 순사용면적을 제시하고 있으며
각 계열별 강의실, 실험실습실, 교수연구실 및 행정실의 기준을 제시
하고 있다. 총면적은 순면적에 공유면적을 포함한 면적으로 이 규정
에서는 순면적에 1.65를 곱하도록 하고 있다.

2. 교사시설 면적 기준의 변화

우리나라에서 대학 설립에 관한 규정의 변천을 교사면적 기준의
원칙 및 변경 내용과 면적 기준의 내용으로 살펴보면 〈표 7-3〉과 같
다.[2] 표에 나타나 있는 바와 같이 우리나라의 대학 설립에 관한 시설
과 교수 기준 등은 1955년 「대학설치기준령」 제정으로 처음 제시되
었다. 그리고 이후 오랜 기간 동안 아무 변화가 없다가, 1982년 비교적
다양한 학문 분야의 특성을 반영하고자 한 기준령으로 변화하였다.

1982년 교사면적의 계열별 산출 기준을 제시할 때의 계열 구분은
어문계열(언어학 분야에 속하는 학과), 사회·인문·사범(인문)계열(사
회과학·인문과학 분야와 중등교원 양성을 위한 계열 중 자연과학 분야에
속하는 학과), 농학계열의 구분 변화에 대한 사항은 학과의 성격에 따

---

2) 박형진(2003), 대학 마스터플랜에서의 시설 프로그램에 관한 연구, 중앙대학
   교 석사학위 논문, p. 16.

┃ 표 7-3 ┃ 교육기본시설의 계열별 기준면적의 산출 기준(제8조 제2항 관련)

계열	순사용면적(N)						공유 면적
	강의실		실험 실습실	교수 연구실	행정실		
	대학	대학원					
어문계열	1.33S		0.13S				
사회·인문·사범(인문)계열	1.33S		-				
이학·농학·사범(자연)계열	1.19S		2.86S				
공학·수산·해양계열	1.19S	0.87G	4.29S	22F	115D+ 275C		0.65N
약학계열	1.04S		4.29S				
예체능·사범(예체능)계열	0.89S		4.13S				
의학계열	0.59S		5.17S				
교육계열	1.19S		2.62S				

※ 계열별 교육기본시설 산출은 아래와 같은 방법으로 한다.
  • S는 제12조 제4항의 총학생정원 중 대학원생 정원을 제외한 해당 계열의 학생정원을 말한다.
  • G는 해당 계열 대학원생 정원(야간제·계절제 대학원생은 제외)을 말한다.
  • F는 제3조 내지 제5조의 규정에 의하여 산출된 계열별 전임강사 이상의 교원 수를 말한다. 다만, 의학과·한의학과·치의학과·약학과 및 수의학과 경우에는 제3조에 의하여 산출된 교원 수의 30%를 기준으로 한다.
  • D는 계열별 학과 수를 말한다.
  • C는 종합대학 내의 단과대학 수와 일반대학원 및 특수대학원 수를 합계한 것을 말한다. 이 경우 하나의 단과대학 또는 대학원에 두 개 이상의 계열이 있을 경우에는 그 주된 계열의 단과대학 또는 대학원으로 본다.
  • 계열별 내용은 다음과 같다.
    − 어문계열: 어문학 분야에 속하는 학과(사범계를 제외한다)
    − 사회·인문·사범(인문)계열: 사회과학·인문과학 분야와 중등교원 양성을 위한 계열 중 어문·인문·사회과학 분야에 속하는 학과
    − 이학·농학·사범(자연)계열: 순수자연과학·농학·임학 및 축산학 등의 분야와 중등교원 양성을 위한 계열 중 자연과학 분야에 속하는 학과
    − 공학·수산·해양계열: 공학·수산학 및 해양학 분야에 속하는 학과
    − 약학계열: 약학 분야에 속하는 학과
    − 예체능·사범(예체능)계열: 예술·체육 분야와 중등교원 양성을 위한 계열 중 예·체능 분야에 속하는 학과
    − 의학계열: 의학·치의학·한의학 및 간호학 분야에 속하는 학과

－교육계열: 교육대학 및 초등교원 양성을 위한 학과
－고유면적은 교사와 주된 용도의 기능 수행을 위하여 필요한 복도 · 계단 · 관리실 · 창고 · 기계실 · 전기실 · 변소 등 부대시설의 면적을 말한다.

라 실험실을 필요로 하는 학과와 실험실을 필요로 하지 않는 학과의 구분에 따른 면적 기준을 제시하던 것을 계열별 정원의 규모별로 면적 기준을 제시하고 있다.

1988년 개정된 대학설치기준령에 의하면, 대학시설을 교육기본시설, 지원시설, 연구시설 등으로 나누고 학문별로 어문계열, 사회 · 인문 · 사범(인문)계열, 이학 · 농학 · 사범(자연)계열, 공학 · 수산 · 해양계열, 약학계열, 예 · 체능 · 사범(예 · 체능)계열, 의학계열, 교육계열로 구분하여 각 계열별 학생정원 대비 시설면적 기준을 제시하고 있다.

하지만 1996년 7월 26일 대학설치기준령이 폐지되고 「대학설립 · 운영규정」이 제정되어 대학 설립이 인가주의에서 준칙주의로 전환됨에 따라 대학시설 면적 기준 역시 〈표 7-4〉에서 볼 수 있듯이 많은 변화를 가져왔다. 즉, 대학시설 기준은 교육기본시설, 지원시설, 연구시설의 구분 없이 계열별, 학생 규모별 교사 기준 면적이 제시되어 현재까지 대학시설 산정 기초 자료로 통용되고 있다.

┃표 7-4 ┃ 교사면적 기준의 변천

구분	교사면적 기준의 원칙 및 변경 내용	면적 기준
1955년 대학설치 기준령	• 학과별 학생정원에 따른 면적 산정	• 실험 · 실습 · 실기 등의 특별한 시설설비를 필요로 하지 않는 학과에 있어서는 학과당 학생정원 160명까지는 학생 1인에 대하여 4평 이상으로 하고 이를 초과할 때에는 그 초과하는 1인에 대하여 2평 이상을 가산한다.

		• 실험·실습·실기 등의 특별한 시설설비를 필요로 하는 학과에 있어서는 전호에 의한 평수 이외에 학생 1인에 대하여 다음과 같이 가산하되, 2 이상의 학과에서 공동사용하는 경우에는 그 가산되는 평수의 10% 이내를 공제할 수 있다. • 농·공·의·수의·약·수산·물리·화학·새물·지질·천문기상·가정 등의 자연과학계 학과(의예과를 포함한다)에 있어서는 3평 이상, 체육·예술 기타에 준하는 학과에 있어서는 2평 이상
1982년 대학설치 기준령	• 계열별 학생정원에 따른 면적 산정 (학생정원의 규정: 대학학생정원령에서 정한 연도별 졸업정원 중 최후 연도 졸업정원의 4배와 대학원학생 정원의 합계를 말하되, 대학의 야간강좌 개설학과의 학생과 야간제·계절제 대학원의 학생은 이를 제외한다) • 교사면적의 계열별 산출 기준과 교사면적의 공통 산출 기준의 합산	• 교사면적의 계열별 산출 기준 어문계열, 사회·인문·사범(인문)계열, 농학계열, 이학·약학·사범(자연)계열, 공학·수산·해양계열, 예·체능·사범(예·체능)계열, 의학계열, 교육계열의 각 계열과 학생정원의 규모(200명 미만, 200~400명, 400명, 400~800명, 800명, 800~1,600명, 1,600명 이상)로 구분하여 세분한 면적을 제시하고 있다. • 교사면적의 공통 산출 기준 학생정원에 따른 기준면적만을 제시

1988년 대학설치 기준령	• 교육기본시설, 지원 시설, 연구시설별 면적 기준 제시 교육기본시설: 계열 별 순사용면적과 고 유면적을 합산한 지 원시설	• 교육기본시설은 강의실, 실험실습실, 교 수연구실, 행정실 및 그 부대시설로서, 순 사용면적과 공유면적을 합산한 면적 • 연구시설은 연구용 실험실, 대학원연구 실, 대학부설 연구소 및 그 부대시설로서 순사용면적과 공유면적을 합산한 면적 • 지원시설은 도서관, 학생회관, 대학본부, 체육관, 강당, 전자계산소 및 그 부대시설 로서 순사용면적과 공유면적을 합산한 면적
1996년 대학설립· 운영규정	• 교육기본시설, 지원 시설, 연구시설의 구분 없이 계열별 교사 기준면적 제시	• 계열별 학생 1인당 교사 기준면적 제시 • 계열별 학생정원×학생 1인당 교사 기준 면적

출처: 박형진(2003). 대학 마스터플랜에서의 시설 프로그램에 관한 연구. 중앙대학교 석사학위 논문, p. 16.

3. 현행 대학시설 기준의 문제점

현행 대학설립·운영규정에 의하면, 여러 사항들이 문제점으로 지적되고 있다. 특히, 제8장에서 언급하고 있는 대학 캠퍼스의 정비 방향에서의 고려사항을 감안한다면 많은 부분이 새로운 학문 영역이나 교육과정에서 창의성과 다양성, 융통성을 살릴 수 있도록 그 기준이 대폭 개선되어야 한다. 이화룡[3]은 대학시설공간의 효율적 활용에 관한 연구에서 다음과 같은 다섯 가지의 사항을 문제점으로 지적하고 있는데, 여기에서는 이를 소개하는 것으로 문제점을 제시하고자 한다.

3) 이화룡(2007), 대학시설공간의 효율적 활용에 관한 연구, 교육인적자원부, p. 109.

1) 최저 소요면적 규정

변화되어 온 법규적 기준은 정책적 기준으로 사용할 수 있도록 각 전공계열별로 산출된 소요면적과 학생 수 규모에 따라 단순화시킨 최저 소요면적으로 잡고 있다.

하지만 현실적으로 각 대학이 보유하고 있는 면적 현황을 보면 아직까지도 이러한 최저 소요면적 기준에도 못 미치는 대학이 더욱 많다. 이러한 기준면적에 대한 연구로서 교사기준시설의 보유면적과 기준면적의 비교에서 전체적으로 충실도가 70%를 넘지 못하고 있다고 조사되었다.[4] 이는 결과적으로 우리나라 대학시설이 제대로 투자도 하지 않고 교육이나 연구를 하고 있는 상황이라는 것을 대변해 주고 있다고 할 수 있다. 또한 비록 일부 대학의 예만 들었지만 대학별 편차가 심하게 나타나는 것도 시정해야 할 사항이다.

2) 다원화되어 가는 대학의 기능에 따른 시설 개념 및 분류의 문제

과학기술이 급속히 발달하고 학문 분야가 점차 전문화, 세분화되는 21세기의 대학은 그 역할과 기능도 다양해졌다. 따라서 대학시설 기준에서도 대학의 기능별 시설을 분류하고 이에 기초한 기준을 제시할 필요가 있다. 그러나 현행 대학시설의 분류는 대학설치기준령에서 대학설립·운영규정에 이르기까지 그 변화가 없으며 총괄적인 기준면적만을 제시하고 있다. 특히, 현행 대학설립·운영규정은 교육기본시설, 지원시설, 연구시설의 구분 없이 기준면적을 총괄적으로 제시하고 있다. 이러한 총괄적인 제시는 학교에 자율성과 융통성

---

4) 김종석(2002), 대학교사시설의 기준면적과 보유면적에 관한 고찰, 대한건축학회논문집, 제18권 3호(통권 167호).

을 준다는 취지라고 생각하나, 최소 기준에도 못 미치고 있는 것이 현실이고, 학교 보유 현황에 대한 편차의 해소를 위해서 모든 학교에 일률적인 기준을 제시하기보다는 학교의 여러 조건(즉, 외부의 기부 현황, 학교의 특성화, 현재의 보유 현황 등)을 고려한 단계별 혹은 다양한 관점의 기준 제시가 필요하다.

3) 학생 1인당 면적 기준의 문제점

시설 소요는 학생이 사용하는 면적에 따라 산출된다. 그런데 한 학생이 사용하게 되는 시설면적은 대학시설에 공동으로 활용할 수 있는 부분이 많기 때문에 대학의 학생 수가 증가함에 따라 감소하기 마련이다. 즉, 대학 규모가 커짐에 따라 학생 1인당 시설소요 면적은 체감되어야 한다. 그러나 현행 대학시설 기준에서는 이러한 시설소요 면적의 체감현상이 반영되어 있지 않고, 학생 증가에 따라 오히려 체증현상을 보이고 있다.[5]

4) 대학의 학사운영 반영 미흡

1990년대에 접어들어 많은 실험대학들과 각 대학별 발전정책이 이루어지고 있는 현재의 상황을 반영하지 못하고 있다.

5) 적용 가능성

이러한 현행의 법규적 기준은 실제적으로 대학의 시설계획에 적용

---

5) 이화룡(2007), 대학시설공간의 효율적 활용에 관한 연구, 교육인적자원부, p. 112.

3. 현행 대학시설 기준의 문제점 | 109

하기에는 무리가 있다. 그렇지만 이러한 법규적 기준을 무시할 수 있는 것은 아니기 때문에 현실적인 어려움이 뒤따르게 된다.

이러한 획일적이며 학생 1인당의 관점 등에 의한 규준은 모든 대학이 똑같은 상태로 발전한다는 가정 아래의 규준이라고도 할 수 있다. 따라서 이 규준은 21세기의 다양하고 특성 있는 대학으로의 발전이라는 측면에서는 적당하지 않다고 할 수 있다. 향후 실행될 것으로 생각되는 국립대학의 법인화 등의 조치 이후 우리나라의 대학시설 수준을 향상시키고 교육의 질적·양적 수준을 향상시키기 위한 규준의 개정과 함께, 이웃나라 일본과 같이 5개년계획 등을 통한 계속적인 지도가 필요하다.

제8장
대학 캠퍼스의 계획 및 정비 단계의 고려사항

21세기 지식기반사회에서는 지식 정보량의 폭증에 따라 학교의 기능도 단순한 지식의 전수에 그치지 않고, 지식의 창출과 활용의 기능까지 담당해야 한다. 대학을 졸업한 사람들은 고도화된 산업 구조화와 새로운 직업이 창출됨에 따라 지식근로자로 될 것이다. 이러한 사회에서의 대학은 창의적 능력을 개발하고 전문 분야나 지역사회, 국가, 나아가 세계에 이바지할 교육과 연구의 기능을 담당하는 거점공간이며, 지식기반경제에서 필요로 하는 인력을 키우는 전문 직업인의 양성기관 그리고 지역의 평생교육과 산학연계나 국제 교류를 통한 사회 공헌을 위한 공간으로 변화해 가야 한다.[1]

이러한 세계적이고 공통적인 사회적 발달 동향과는 별도로 향후 우리나라의 대학시설환경을 변화시킬 요소로는 크게 ① 저출산·고령화로 인한 인구 구조의 변화, ② 정보통신기술의 비약적인 발전으로 인한 유비쿼터스 사회의 도래, ③ 개인의 삶의 질 향상과 국가경

---

1) 高等敎育情報センター(1999), 21C New キャンパスの創造と計画, 地域科學硏究會.

쟁력 향상을 위한 평생학습사회체제로의 변화, ④ 대학에서의 학문 영역의 변화와 새로운 학문 분야의 출현 등을 들 수 있다.

사회·경제적 발달 그리고 고등교육의 대중화, 건축기술의 발달 속에 많은 대학교가 설치되고 캠퍼스가 건설되어 왔다. 물론 전국의 4년제 대학이 아직 획일화된 백화점식의 교육과정과 학과 그리고 교육 위주의 공간을 보유하고 있는 모습은 여전하지만, 앞으로는 지역과의 연계성을 갖고자 하거나 특색 있는 교육과정을 운영하고자 하는 등 학교별로 조금씩 다른 특성을 지닌 모습으로 변화해 가야 한다.

그러나 우리나라의 대학교육환경은 이러한 변화에 적극적으로 대응하기보다는 수동적인 상태에 있는 것 같다. 그리고 대학이 속해 있는 지역사회나 도시와 단절되어 있고, 캠퍼스 내의 배치나 건축계획 등의 측면에서도 대학 구성원의 자유롭고 활발한 행동을 유도하는 계획이라기보다는 강의나 연구 위주의 획일적인 배치를 하고 있는 학교가 많다.

한편, 일본을 비롯한 선진국의 최근 캠퍼스 계획 경향을 보면, 학제 간 융합으로 새로운 학문 영역이 증가함에 따라 종래의 학문 분야별 죠닝으로는 대처할 수 없게 되었다. 또 정보기기의 발달은 사회구조를 변화시키고 거리를 초월한 네트워크로 인간조직을 연결시킬 수 있어, 캠퍼스 내의 건물 배치도 변화시킬 가능성이 있다.[2]

캠퍼스 계획에서는 종래부터 대학의 아카데믹 플랜이 중요한 요소로 등장해 왔지만, 최근에는 이에 더해 각 대학이 장래 어떤 특색을 지닐지와, 여러 사회적 요소의 변동에 따른 경영적인 측면을 포함한 전략이 중요전제가 되고 있다.

---

2) (사)일본건축학회(2004), キャンパスマネジメントハンドブック-21世紀をさえる大學像と都市連携-, (사)일본건축학회.

이 장에서는 21세기의 대학교육환경이 어떠한 관점에서 정비되어야 하는가, 즉 캠퍼스 내부의 정비와 캠퍼스 외부 도시와 어떤 관계를 정립해 나가야 하는가라는 관점에서 대학의 계획 및 정비 단계에서 고려해야 할 사항에 대하여 기술하고자 한다.

1. 캠퍼스의 정비 방향

캠퍼스의 정비 단계에서 고려할 사항으로는 크게 ① 사회의 요구에 대한 대응, ② 경쟁력 강화·특징의 창출을 위한 대응, ③ 다각화·다양화에 대한 대응, ④ 시설 경영의 개선·효율화에 대한 대응 등으로 구분하여 언급할 수 있다.

1) 사회의 요구

대학이 사회의 요구에 대응하기 위해서는 효율화, 기능 유지, 융통성의 확보, 개방화, 안전, 비용관리 등을 고려해야 한다.

(1) 효율화를 위한 고려사항

대학의 재무 상황이 악화되어 가고 있는 상황에서는 최소의 비용으로 최대의 효과를 발휘하는 것이 필요하다. 장래의 로드 맵(규모, 내용, 시기)를 충분히 생각하고, 수용력이나 운용 방법을 명확하게 하고, 학생 수, 학과, 가동률 등을 중장기적 관점으로 고찰하며, 효율적으로 시설 정비하는 것이 필요하다.

따라서 시설 이용의 공유, 즉 학과나 학부의 경계를 넘어 교실과 연구실을 같이 사용한다고 생각하는 것이 필요하다. 또한 용도를 겸용할 필요가 있다. 즉, 체육관에 대강당의 기능을 같이 할 수 있게 하는 등의 설계가 필요하다. 그리고 학과별 특성을 살리되 몇 개의 학과 또는 학부, 나아가 대학 전체가 공동으로 사용할 수 있는 시설이나 공간을 효율적으로 활용하는 운영도 적극 검토해야 한다. 아울러 건물 배치를 학생들의 동선의 흐름에 따라 밀집한 상태로 배치할 필요가 있다.

(2) 기능 유지를 위한 고려사항

최근 건축계에서 '지속성 있는 건축'이란 개념이 강조되고 있다. 이는 대학건축에 있어서도 역시 중요한 개념 중의 하나다. 왜냐하면 대학에는 많은 교사동이나 연구시설, 기숙사, 실험시설 등의 건물이 있고, 이들 건물이 주변 지역에 미치는 영향은 더욱 크기 때문이다. 환경을 배려하고, 장애인은 물론 학생들이나 교직원 그리고 방문객이나 지역주민에게도 이용하기 편리한 유니버설 디자인[3], 장수명(長壽命), 유지관리하기 쉬움, 사회적·교육적 환경의 변화에 견디며 그 기능이 유지될 수 있는 건물이어야 한다. 이것은 결과적으로 유지관리 비용의 절약에도 직결된다.

아울러 정보화에 대응하기 위하여 무선 랜을 설치하거나 OA(사무자동화) 바닥 마감, EPS(전기배관공간)나 배관의 설치가 융통성이 있도록 해야 한다. 그리고 공동구나 파이프 설치 공간 등의 장래 대응 등 설비의 갱신을 고려해야 한다. 교사동이나 여러 건물을 배치하고자 할 때 장래의 증축 부지를 미리 확보하여 두는 것도 필요하다.

---

3) 도시설계나 건축물의 설계에 장애자나 임산부, 노인 등도 불편을 느끼지 않고 자유롭게 왕래하고 사용할 수 있게 하는 디자인을 말한다.

(3) 융통성에 대한 고려

대학이 처해 있는 사회환경은 매우 다양하고 변화의 속도도 빠르다. 21세기에 들어와서는 더더욱 그렇다. 이러한 다양한 환경은 곧바로 대학의 변화를 요구하는 것으로 직결되고, 대학은 이러한 변화에 대응할 수 있는 융통성 있는 시설을 건축하는 것이 매우 중요해졌다. 즉, 시설의 증개축이나 리모델링에 자유롭게 대응할 수 있어야 한다.

(4) 개방성에 대한 고려

유니버셜 접근의 시대에 대학은 지역이나 사회, 모든 세대에 열린 학습의 장으로 제공되어야 한다. 고등교육을 받고자 하는 사람들이 24시간 언제라도 배울 수 있고, 편리하게 접근할 수 있고, 코스·강좌를 유연하게 선택할 수 있고, 배우고자 하는 사람들이 모여 교류할 수 있는 환경을 제공해야 한다. 구체적으로 유니버셜 디자인 그리고 시간 외 대응 정보관리 시스템, 지역이나 산학과 연계한 공동시설의 운영 등을 고려해 볼 수 있다.

대학시설은 사회환경 배려와 사회재산이라는 차원에서의 시설계획도 중요하다. 최근 우리나라의 일부 대학(삼육대, 건국대, 덕성여대, 중앙대, 한양대 등)에서도 잔디밭, 산책로, 호수, 야외무대, 자전거도로 등을 설치하여 재학생은 물론 지역주민에게 휴식공간을 제공하는 사례가 늘고 있다.

(5) 안전성에 대한 고려

대학시설에서의 안전관리는 크게 방재관리, 방범관리, 정보관리, 학생의 안전관리 등이 있다. 과거 대학 캠퍼스 내의 건물이나 방범 등의 입장에서 이제는 시설 운용과 관련한 소프트의 관리가 중요해지고 있다. 이 중 학생의 안전을 지키는 것은 대학의 기본적 기능이고, 앞서 언급한 개방화와 상반되는 항목이므로 적절한 안전·안심감을 확보하는 것이 중요하다.

대학은 감시 시스템을 구축하여야 하고, 은밀하고 구석진 곳이 없는 배치나 건축이 되게끔 하여야 한다. 또한 소방이나 피난계획을 수립하여 유사 시 신속하게 대응할 수 있어야 한다.

(6) 비용관리에 대한 고려

좋은 건물을 저렴하게 건축하기 위해 프로젝트 매니지먼트(PM), 퍼실리티 매니지먼트(FM)의 필요성이 높아지고 있다. 캠퍼스 전체의 마스터플랜과 시설 데이터 베이스를 작성하고, 그 범위에 따른 신축이나 개축·개수를 고려하여야 한다. 아울러 신속하게 대응할 수 있는 시설관리체제도 갖추어야 한다.

2) 경쟁력 강화·특징의 창출

21세기 우리나라 대학이 치열한 생존경쟁에서 살아남고 세계 속의 대학이 되기 위하여 고려할 사항으로는 교육력 강화, 커뮤니케이션 강화, 사이버 캠퍼스, 연구력 강화, 생활환경·공용공간 충실화에 대한 대응 등이 있다.

(1) 교육력 강화(학부 재편, 신학부 창설 등)

머지않아 시행될 것으로 이야기되고 있는 국립대학의 법인화와 그리고 입학생 수의 감소 등으로 인해 국립대학은 물론 사립대학의 생존경쟁은 더욱 치열해질 것으로 보인다. 또한 최근의 사회적 분위기는 미디어, 현대사회, 종합문화 등 사회의 다양화·국제화를 반영한 학부 · 학과의 재편이나, 고령화 사회와 관련된 새로운 학부의 창출 등을 요구하고 있다. 이러한 관점에서 경쟁력 확보를 위한 대학의 구체적 방안으로는 학부 · 학과의 재편(문과 · 이과의 통합, 어학교육의 강화 등), 새로운 학부의 창설(복지 · 의료학, 환경학 등), 로스쿨과 같은 전문직 대학원의 설립 등이 있다.

(2) 커뮤니케이션의 강화에 대한 고려

급속하게 진전되고 있는 정보화 네트워크 사회에서는 상대적으로 구성원 간의 커뮤니케이션이 중요하다. 아울러 출산율의 감소로 학생들에게 세심한 교육 서비스를 제공할 필요성이 높아지고 있다. 때문에 커뮤니케이션을 중요하게 생각하는 교육 그리고 이에 대응할 수 있는 시설의 건설이 중요하다. 예를 들면, 그룹 토론에는 소규모 혹은 중규모의 교실이나 공용 부분을 확장한 커먼 스페이스(common space) 등이 적합하다.

(3) 사이버 캠퍼스(E-learning)에 대한 고려

대학공간에 대한 개념은 사람과 사람이 만나는 대화의 장소에서, 최근 네트워크화되면서 사이버 '장(場)'의 캠퍼스가 출현하게 되었다. 따라서 대학은 이러한 변화에 대한 공간 건설을 하여 학생들의 능력을 향상시키거나 교원의 컨텐츠 작성력을 높여야 한다. 그 구체적인 대응으로는 미디어센터나 컨텐츠센터 등의 건설이 있다.

(4) 연구력 강화에 대한 고려

대학의 연구조직에 있어서 강좌제를 오픈화함으로써 여러 장점을 얻을 수 있다. 즉, 융합 영역이 넓어지고 인재교류가 활발해진다. 연구실을 공유할 수 있고 연구시설의 이용률을 향상시킬 수 있다. 아울러 인재육성 프로그램의 다양화도 가능해진다. 대학개혁에 따른 여러 요구에 대응하기 위해 산학연계의 공동이용연구시설, 전학 공통의 프로젝트 연구시설, 경쟁적 이용 시스템 등에 대한 연구가 이루어지고 있다.

(5) 생활환경 · 공용공간 충실화에 대한 고려

생활공간은 학생의 비형식적인 교류나 안정감 있는 거주공간일 뿐만 아니라 학생생활의 여러 추억의 장소이기도 하다. 입지조건이나 자연환경을 적극적으로 활용하고 특징을 어필하여 학생 홀, 라운지, 식당 등을 과외 교류나 자습 그리고 상담공간 등으로 활용한다.

3) 다각화 · 다양화에 대한 고려

대학경영은 다각경영에 대한 고려, 산학연계에 대한 고려, 국제화(유학생)에 대한 고려, 정보화(멀티미디어)에 대한 고려, 지역연계에 대한 고려, 입학 및 취업에 대한 고려를 하여야 한다.

(1) 다각경영에 대한 고려

아직 우리나라에서는 그 예를 찾아볼 수 없지만 선진국들의 사립대학에서는 레스토랑, 호텔, 오피스 등을 병설하여 수익을 올리고 있고, 동시에 지역의 교류활동에 기여하기도 한다. 한편, 시설관리(청소 · 경비)나 마케팅 조사 등의 아웃소싱화에 의한 경비삭감도 진행되고 있다. 이웃나라 일본에서는 자체적으로 시설관리 주식회사를 만들어 경비절약을 꾀하고 있는 경우도 있다(2006년 필자 견학. 시바우라(芝浦)공업대학).

최근 우리나라의 일부 대학들이 대학의 경쟁력을 높이고 안정적이고 지속적인 재원 확충을 위해 대학이 보유한 기술을 사업화해 수익 창출에 나서는 기술지주회사 설립을 계획하고 있다. 서강대, 서울대, 고려대, KAIST 등에서 찾아볼 수 있다.

국내의 대학들이 이제 시작하려 하고 있는 기술지주회사는 대학이 보유한 특허 기술을 사업화해 그 수익을 대학에 투자할 수 있다는 점에서 의미가 있으며, 대학재정 확충과 연구성과의 실용화에 기여할 수 있는 장점이 있다.

(2) 산학연계에 대한 고려

산학연계는 국가의 산업경쟁력 향상과 대학의 교육연구에 이어 제3의 역할(산학연계·벤처기업의 운영)로 요구되고 있다. 대학으로서는 기업의 응용기술력·인재·자금을 활용하면서 독자의 기초연구를 발전시켜, 지역산업·경제에 공헌하고 수익 확보와 브랜드 가치 향상에도 도움이 된다.

(3) 국제화(유학생)에 대한 고려

대학이 우리나라뿐만 아니라 전 세계에 열린 존재가 되기 위해서는 세계화된 인재의 육성, 높은 질의 다양한 교육연구, IT 기술의 활용, 학생이나 교원의 국제 유동성이 필요하다. 특히, 우리나라 대학들은 최근 동남 아시아나 중국으로부터의 유학생이 증가하고 있어 이에 대응한 기숙사 시설 등의 정비가 시급하다. 아울러 해외 학교와의 학생 및 교원의 인적 교류나 프로그램의 연계도 중요하고 이를 위한 유학생센터의 설치도 필요하다.

(4) 정보화(멀티미디어)에 대한 고려

정보화에 의해 수업 방법의 개선이나 E-learning과 연동한 사이버 캠퍼스화가 가능하게 되었고, 나아가 정보 기반의 충실화에 따라 학내 시설에서 본인 인증 및 출결 상황의 확인 시스템 등 경영 전반에 걸친 효율화의 움직임이 활발해지고 있다.

(5) 지역연계에 대한 고려

지역사회의 일원으로서, 지역문화의 중심으로서 대학시설의 오픈화만이 아닌 평생교육 · 지역연계 프로그램의 제공, 에코 캠퍼스화 등이 광범위하게 이루어지고 있다. 시설개방으로는 도서관, 식당, 스포츠 시설, 홀, 대학 박물관 등이 해당되고, 시민을 향한 서비스 시설로는 지역연계센터를 만들거나 운동장을 공원화하는 등의 연계를 고려할 수 있다.

미국의 펜실베이니아 주립대학은 다양한 종류의 스포츠 시설을 가지고 있어 이를 학생들은 물론 시민들에게도 개방하여 운영하고 있다.

(6) 입학 및 취업에 대한 고려

최근의 대학 입학 자원의 감소에 따른 입학률 저하로 각 대학은 입시센터나 입학처 등을 설치하여 많은 노력을 하고 있다. 대학입장에서 입학 당시의 학생은 고객이고 취업 당시에는 성과다. 좋은 학생을 입학시켜 양질의 교육으로 학생들의 능력을 향상시키고, 경우에 따라서는 졸업 후에도 개별적인 뒷받침을 계속하는 것이 대학의 품질 보증이며, 높은 평가와 연결된다. 입시대책과 취업대책은 상호 순환작용의 효과가 있고, 나아가 대학의 경쟁력을 향상시키는 역할을 한다. 입학 및 취업센터 외의 이런 종류의 기구로는 인턴십 담당기관, 캐리어센터(여학생 캐리어센터 등) 등이 있다.

4) 시설경영의 개선 · 효율화

대학시설 경영의 개선과 효율적인 운영을 꾀하고자 한다면 시설의 중장기계획 등 대학의 지적자원과 인적자원을 지키기 위해 자재의 전략적 활용이 중요하다. Learning-cost의 삭감, 공간의 확보, 신설 혹은 갱신 등 중장기적 마스터플랜이 필요하다. 대학은 계속하여 성장해야 하고, 기존 캠퍼스의 재편이나 리모델링, 안정화도 중요한 테마다. 이러한 것들을 추진하고자 할 때는 스케줄, 비용, 품질, 리스크를 적절하게 조율하고 관리해야 한다.

2. 캠퍼스와 도시의 관계 정립

이상의 관점을 바탕으로 대학의 캠퍼스가 정비되어 갈 것으로 기대하고 예상하고 있지만, 한편으로는 대학이 속해 있는 지역이나 도시와의 관련성을 고려하는 것이 필요하다. 이러한 시각은 대학 캠퍼스가 지역이나 도시와 고립된 공간이 아닌 융합된 공간으로서, 시민들의 평생교육을 담당하는 기관의 모습을 지닌 21세기형 캠퍼스 계획의 시각[4]이라고 할 수 있다.

우리나라의 캠퍼스 계획에는 선진국과 비교하여 이러한 시점이 부족하며, 향후 국립대학을 중심으로 이러한 시각의 정비계획이 활발

---

4) 高等教育情報センター(1999), 21C New キャンパスの創造と計画, 地域科學研究會.

하게 전개되어야 할 것이다.

1) 도시와의 관계에서 본 캠퍼스

캠퍼스 계획에 있어 도시는 크게 두 가지 측면에서 고려되어야 한다. 첫째, 캠퍼스 자체를 도시계획적인 수법을 활용하여 계획하고 정비할 수 있다는 생각이다. 이것은 캠퍼스의 계획에서 마스터플랜이 그만큼 중요하다는 것을 의미한다.

둘째, 캠퍼스 계획에 있어 마스터플랜은 장래의 전개가 불투명한 것에 대하여 전체적인 골격을 설계하는 것에 의해 혼란을 피하고 질서를 부여하는 의미의 계획이다. 그러나 한 번 설립된 마스터플랜을 절대시하는 것은 다소 위험한 생각이다. 왜냐하면 최근에는 대학을 변하게 하는 여러 요소들이 급변하고 있기 때문이다.

2) 도시성의 연출과 자연의 보전

교외에 캠퍼스를 건설할 경우 사람과의 만남의 장이나 커뮤니케이션의 장을 설치하여 번화함을 연출할 필요가 있다. 많은 건축가들은 이것을 도시성이라고 한다. 그 구체적 수법으로는 광장이나 몰(mall)을 계획하는 것이다. 아울러 최근 친환경적이고 생태적인 관점, 에너지 절약의 관점에서 보면 교외에 캠퍼스를 계획한다는 것은 그만큼 도시와 시민에게 기여하는 것이라 할 수 있다.

3) 경관으로서의 캠퍼스

1970년대, 즉 베이비 붐 세대들의 학령인구가 대학에 입학할 당시에 많은 대학들은 마스터플랜이나 경관의 개념 없이 마구 증축되고 신축되었다. 그 결과, 넓지 않은 캠퍼스에는 많은 건물이 군집하여 건축되는 경우가 많았다. 도심에서 볼 때에는 군집되어 있는 건물 덩어리란 인식과 함께 도심의 스카이라인이나 경관에 기여하지 못하는 경우가 많았다.

건축이란 단일건물이든지, 군집되어 있든지, 조형성과 주변과의 조화가 필요하다. 아울러 고층건물은 지역의 랜드마크적인 기능으로도 작용하게 된다. 대학건물의 고층화는 건축기술의 발달과 고층건물에 대한 사회적 수요가 늘어나는 경향과 더불어 계속될 것이다. 따라서 앞으로의 대학시설을 계획할 때에는 이와 같은 관점과 도시에서 보는 경관으로서의 관점이 중요할 것으로 보인다. 최근 일부 대학들이 지역과의 경계선인 담장을 헐어 지역주민들이나 보행자들에게 녹지공간이나 개방감을 제공하고 있는 것은 이런 취지에서의 사업이라고 할 수 있다.

4) 외부공간 구성의 관점에서의 캠퍼스

캠퍼스의 외부공간을 특징짓는 것으로는 광장이나 오픈 스페이스를 들 수 있다. 외부공간은 단순하게 남겨진 빈 공간이 아닌, 건물과 건물의 죠닝 그리고 건물의 배치를 결정한다는 면에서 서로 영향을 미치는 중요한 요소다. 아울러 이 외부공간이 학생들의 학교생활 그리고 지역주민의 이용이라는 측면에서는 보다 적극적으로 계획될 필요가 있다. 다시 말해서, 외부공간이 학생들이나 지역주민에게 어떻게 이용될 수 있는가를 행태나 생활, 지역의 특징 등을 잘 고려한 계획이나 구성이 되도록 하는 것이 중요하다.

평생교육의 사회 그리고 정보화 교육의 사회가 도래하면서 18세, 즉 고등학교 졸업자만이 대학에 입학하는 것이 아니라 누구에게나 대학에서의 학습 기회가 주어질 것이다. 대학과 사회를 넘나들 수 있게 대학은 이런 사회 속의 학습에 대응할 수 있는 경영 전략과 시설 정비가 필요하다.

서로 다른 영역 간의 자연스런 만남이 권장되고, 일상에서의 일탈과 학문적 분방함이 활발한 사회는 창의성을 키워 줄 수 있다. 반면 순수성이 강조되고 다양성이 말살되는 전체주의적 사회에서는 창의적 문화가 꽃필 수 없다. 서로 다른 영역 간의 소통과 만남은 창의성을 꽃피우는 기반이다. 문과와 이과가 분리되고 인문학과 자연과학이 각자 높은 벽을 쌓고 독자적 영역을 구축한다면 창의성이 위축될 수밖에 없다.

창의성의 비결은 다양성과 경계 넘나들기에 있다. 경험 · 사상 · 방법의 다양성은 창의성의 밑거름이고, 서로 다른 사고 · 개념 · 아이디어 · 기법 · 사상의 융합은 창의성의 원동력이다. 창의적인 사회는 이질적 사상과 개념이 자연스럽게 공존하고 서로 다른 영역들이 소통하고 만나는 사회다. 대학부터 소통과 대화를 통해 분방한 지식공간이 되어야 한다. 대학은 자유로운 담론과 괴짜 같은 발상, 기발한 사상이 권장되는 곳이 되어야 한다. 권위적이고 엄숙한 분위기, 분야 간 분절이 두드러진 환경에서는 창의적인 생각이 자랄 수 없다. 다양한 학문이 공존하고 대화할 수 있는 대학은 창의적 지식사회를 위한 최적의 환경을 갖고 있어야 한다.

제 3 부
대학시설의 선진 사례

제9장

국내 대학의 사례

1. 대학시설의 개념 변화

과거의 대학시설이 교수와 학생들을 위한 고등교육과 학문연구를 위한 교육연구시설이었다면, 현재의 대학시설은 본연의 기능뿐만 아니라 지자체 및 연구소, 산업체와 교육 및 연구 분야에서의 긴밀한 협력관계를 통한 고부가가치 창출을 위한 거점으로서 그 역할이 점점 중요시되고 있다.

또한 대학은 학생뿐만 아니라 지역주민을 위한 평생교육기관으로까지 그 범위가 확대되고, 지식기반사회의 도래에 따른 학문 분야 간 명암이 분명해지고, 그에 따른 대학 및 학문 분야 간의 통폐합이 빠르게 진행되고 있다. 이러한 급격한 사회변화에 얼마나 신속하게 대처하는가가 대학의 생존과 직결된다고 할 수 있다. 교육 시스템의 변화에 대응하여 대학의 기반시설인 교육 및 연구시설을 재정비하고 부족한 시설을 확충하는 것은 대학경쟁력을 확보하는 데 절대적인 역할을 한다.

대학시설은 교수와 학생들의 생활공간으로서, 캠퍼스가 보다 편리하고 안락한 공간으로 조성되기 위해서는 복지, 문화, 레크리에이션 등을 위한 시설을 확충하는 것이 중요시되고 있다. 최근 학생 유치 경쟁이 심해지면서 대학들이 경쟁적으로 대학 캠퍼스의 이미지 개선과 복지시설의 확충에 많은 노력을 기울이고 있다. 신문이나 대학생 설문조사 등을 통해서도 알려진 바와 같이 대학 캠퍼스 및 시설이 얼마나 좋으냐가 대학 선택에 많은 영향을 미쳤다는 사실을 보면 대학시설의 중요성을 단적으로 알 수 있다.

따라서 급변하는 사회변화에 능동적으로 대처하기 위해서 대학시설은 교육 및 연구 인프라 구축뿐만 아니라 생활공간으로서 복지, 문화, 레크리에이션 분야까지 그 영역을 확대하고, 대학생 및 교수뿐만 아니라 학·연·산 네트워크를 형성하고, 지역주민의 평생교육 거점으로서 새로운 역할을 수용할 수 있도록 캠퍼스를 효율적이고 합리적으로 재정비하고, 미래지향적인 발전 방향을 제시할 수 있는 캠퍼스 마스터플랜을 수립해야 한다.

2. 대학 캠퍼스 및 대학시설의 현황

대부분의 수도권대학은 대학부지가 협소하거나 제한되어 있어서 증가하는 교육 및 연구시설의 수요를 충족시키는 데 많은 어려움을 겪고 있는 것이 현실이다. 초기에 장기 캠퍼스 마스터플랜을 수립하여 시설확충사업을 추진했던 대학들은 1975년도까지만 해도 대학정원억제정책에 의해서 그나마 양호한 캠퍼스 교육환경을 유지하고 있었다. 그러나 1970년대 후반에는 급격한 산업사회의 수요를 충족하기에는 산업인력이 절대적으로 부족하게 되었고, 산업인력수급

정책에 의해서 1979년에 대폭적인 대학정원의 확대가 이루어지게
되었다.

대학정원확대정책은 서울소재 9개 대학이 지방에 분교를 설립하
는 배경이 되었다. 이로 인하여 1980년대 모든 대학들이 정원을 최대
한 증원하면서 대학인구가 급격하게 증가되었고 캠퍼스의 공간적인
측면에 많은 문제를 야기하게 되었는데, 기존 시설로는 대학 이용자
들에게 효율적인 서비스를 충분히 제공할 수 없는 상황이 초래되고,
이에 따라 대학시설의 확충이 불가피하게 되었다.

그러나 대학시설 확충은 캠퍼스 마스터플랜의 기본계획의 원칙을
무시한 채 필요에 따라 혹은 대학의 재정 상황에 따라 교육기본시설
위주로 신축과 증축이 난무하였다. 시설 확충에 급급한 양적 위주의
개발은 교육환경을 열악하게 만드는 계기가 되었다.

이러한 경향은 1990년대 중반까지 유지되어 오다가, 1994년대 대
학설립 준칙주의에 의해서 대학이 급격하게 증가하고, 대학입학 자
원이 감소하면서 캠퍼스 환경에 관심을 갖기 시작하게 되었다. 또한
생활 수준의 향상과 함께 자가 차량 운행이 많아지면서 대학 캠퍼스
가 주차장화되고, 대학시설 확충에서 후생복지, 문화시설이 중요한
요소가 되면서 기존 캠퍼스 개발 방식으로는 한정된 대학부지에서
더 이상 어쩔 수 없는 한계점에 다다르게 되어 대학시설 확충 방식의
패러다임에 변화를 가져오게 되었다.

이러한 패러다임의 변화로 인해 캠퍼스 마스터플랜의 재정립과 함
께 기존 대학공간 구조의 재구축 등 캠퍼스가 새로운 이미지로 변화
하고 있다. 공통된 지향점은 보행자 중심의 친환경 캠퍼스, 복지 ·
문화시설의 확충, 지하 캠퍼스 구축, U-캠퍼스 및 멀티미디어 환경
구축, 지역사회와 융합된 캠퍼스, 건축물의 문화 코드로 활성화 등
이다.

3. 대학 캠퍼스 내의 유형별 시설 확충

1) 지하 캠퍼스 개발

(1) 고려대학교

① 안암 인문사회계 캠퍼스의 중앙광장 개발

- 개교 100주년 기념사업의 종합 마스터플랜을 수립하여 2001년에 국내 최초로 지하 캠퍼스를 개발하였다. 중앙광장은 캠퍼스 중앙에 위치하고 있어서 캠퍼스의 모든 동선을 연결하는 교차점으로 100주년 기념관과 종합교육관을 지하공간으로 연결해 준다. 또한 다양한 형태의 커뮤니케이션이 이루어지는 캠퍼스의 중앙 커뮤니티센터다.

- 중앙광장은 기존의 대운동장(4,800평 규모)을 5,780평의 지상 광장으로 조성하고, 지하 1층에는 2,718평에 행정부서 및 편의시설, 열람실이 있고, 지하 2, 3층에는 1,000대 규모의 주차공간(9,020평)을 설치하였다. 이로써 대학 캠퍼스 내의 모든 차량을 지하 주차장에 수용하여 차 없는 캠퍼스를 실현할 수 있게 되었으며, 지상의 중앙광장은 진입광장(분수광장), 잔디광장 및 녹지공간으로 설치되어 각종 옥외행사와 휴식공간으로서의 역할을 수행한다.

[그림 9-1] 고려대 인문사회계 캠퍼스 중앙광장

[그림 9-2] 고려대 100주년 기념관

[그림 9-3] 고려대 인문사회 캠퍼스 휴게공간

② 안암 자연계 캠퍼스 하나스퀘어 개발

• 하나스퀘어는 과학도서관 앞을 동서로 가로지르는 가로 200m, 세로 50m, 연면적 8,517평(사업면적 24,000평), 지하 3층, 지상 1층의 물에 배가 떠 있는 모양의 아트리움과 썬큰 구조 건물이다. 지상 공원과 학생복지 및 휴게시설, 지하주차장을 개발하는 사업으로 사업기간은 2003~2006년이었다.

지하 1층에는 4개의 중형 강의실과 10개의 세미나실 그리고 약 650석의 대규모 일반 열람실과 노트북 전용 열람실을 갖춘 도서실이 있다.

학생편의시설로는 휘트니스센터, 서점(영풍문고), 공연장, 전시실, DVD 룸과 멀티미디어실 등이 있으며, 버거킹과 샌드 프레소 같은 식음료업체도 입점해 있다. 지하 2~3층에는 720대가 주차 가능한 지하주차장을 설치하여 지상에는 보행자 위주의 그린 캠퍼스를 실현하였다.

• 고려대는 두 캠퍼스의 지상공간을 친환경 녹지공간으로 조성하여 학생 및 지역주민의 휴식공간으로 활용하기 위해 개방형 보행광장을 조성하였다.

[그림 9-4] 고려대 자연계 캠퍼스 하나스퀘어

[그림 9-5] 고려대 학생복지센터 홀

[그림 9-6] 고려대 아트리움 공간

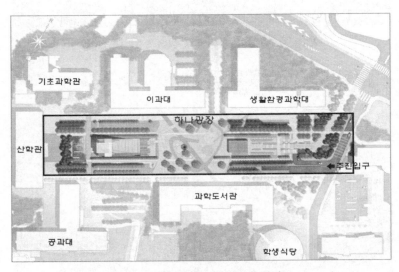

[그림 9-7] 고려대 하나광장 배치도

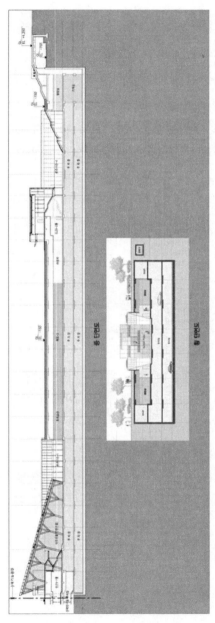

[그림 9-8] 고려대 하나광장 단면도

(2) 국민대학교

① 새로운 개념의 중장기 마스터플랜 재정립

• 국민대는 북한산 자락의 험준한 경사지에 위치하고 있어서 부지 확보에 큰 어려움을 겪고 있었다. 부족한 교육연구시설을 현 부지 내에서 해결하기 위한 방안으로 경사지 활용 및 지하공간을 개발하여 '차 없는 녹지 캠퍼스'를 조성하였다.

• 기존 대학 캠퍼스의 확장 개념에서 벗어나 중장기 캠퍼스 마스터플랜을 수립하고 노후건물 리모델링, 경사지형의 특성을 최대한 활용한 단계별 시설 신축 등 기존 캠퍼스의 질서체계 내에서 새로운 건물을 배치하고, 건축여건이 불리한 대지를 건축적으로 해결하였다.

② 경사지형을 활용한 개발

• 대학부지가 산자락에 위치하고 있어서 경사지형을 최대한 활용하여 캠퍼스를 개발하였다. 대학부지를 크게 3개 단으로 구분하여 계획하였으며, 캠퍼스 남서쪽에 위치한 접근도로에서부터 종합복지관–운동장–국제교육관–본관으로 이어지는 경사지형을 입체적으로 이용하여 한정된 부지를 효율적으로 이용하였다.

• 첫 번째 사업으로 국제교육관이 1999년 2월에 준공된 이후 예술관 2002년 5월, 7호관 2004년 8월, 종합복지관 2005년 8월에 완공되었다.

[그림 9-9] 국민대 북악관과 국제교육관 전경

[그림 9-10] 국민대 국제교육관 필로티

- 국제교육관이 위치한 대지는 200m 길이에 걸쳐 기존 건물군과 운동장 사이에 약 12m의 높이 차이가 나고 경사도는 약 40°다. 이 급경사지에 건물이 지어질 경우 운동장과 본관 등을 포함한 기존 건물군은 시각적으로 완전히 분리된다. 이렇게 시각적으로 분리된 두 영역을 어떻게 연계시킬 것인지가 큰 과제였다. 이를 국제교육관 4층에 본관 전면의 보행로와 지상으로 연결되는 부분에 필로티 공간을 설치하고, 건물과 건물 사이를 비워서 시각적 연계를 도모하였다.

[그림 9-11] 국민대 운동장 주변 보행가로

[그림 9-12] 국민대 운동장 하단 종합복지관 전경

③ 보행자 위주의 캠퍼스 조성

• 접근도로에 면한 경사지에서부터 운동장 하부공간을 활용하여
차량 1,000여 대의 지하주차장을 설치하고 도로에 면하여 지하
주차장 출입구를 설치하여 캠퍼스의 지상공간은 차 없는 보행자
전용 캠퍼스를 조성하였다.

• 보행자 전용 캠퍼스를 활성화하기 위하여 운동장을 중심으로 건
물과 건물의 연결통로인 회랑을 설치하여 보행가로를 조성하고
이를 보행광장과 연계하여 휴식공간을 조성하였다.

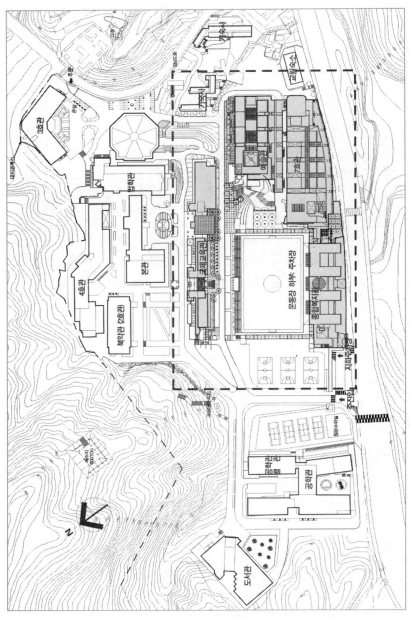

[그림 9-13] 국민대 종합 배치도

(3) 이화여자대학교

① 캠퍼스 마스터플랜의 재정립

• 대학 정문 앞 철도부지를 지상 데크 공간으로 조성하여 캠퍼스
를 확장하고, 학교 정문에서 본관에 이르는 주 진입을 지하 캠퍼
스 개발과 연계하여 그 중앙에 계곡과 같이 대로를 개설함으로써
새로운 진입 축을 형성하는 등 대학 마스터플랜을 재정립하였다.

[그림 9-14] 이화여대 지하 캠퍼스 조감도

[그림 9-15] 이화여대 지하 캠퍼스 북측 방향 전경

② 국내 최대 규모의 지하 캠퍼스 개발

- ESCC(이화캠퍼스센터) 계획은 개교 120주년을 기념하여 대규모 교육문화복합시설을 조성하기 위해 진행된 프로젝트다. 2004년 2월 국제지명현상공모를 거쳐 프랑스 건축가 도미니크 페로의 '캠퍼스 밸리(Campus Valley)'로 명명된 설계안이 당선되어 2008월 4월 완공되었다. 기존 클래식한 대학 분위기가 21세기에 대응한 모던한 대학 마스터플랜으로 변화하는 계기를 마련하였다.
- 지하 캠퍼스는 기존 운동장과 그 주변을 지하 6층, 2만 평의 규모로 개발하여 최신 정보통신기술의 U-Class, 24시간 자유열람실과 멀티미디어 강의실, 세미나실, 계단식 강의실, 공연예술극장, 휘트니스센터 등 다양한 교육·문화·복지시설, 유명 브랜드의 상업시설 등이 들어서 새로운 캠퍼스의 패러다임을 제공하였다.

[그림 9-16] 이화여대 지하 캠퍼스 남측 방향 전경

• 지하 캠퍼스의 지하 5, 6층에 주차공간 설치하고 지상은 보행자 위주의 캠퍼스를 조성하였다. 지하 캠퍼스의 옥상에 해당하는 지상에는 정원을 조성하고 그 사이에 보행로를 조성하였다.

2) 신축을 통한 시설 확충

(1) 배재대학교

① 캠퍼스타운을 지향하는 캠퍼스 마스터플랜 수립

• 캠퍼스 마스터플랜의 지향점은 대학과 지역사회가 교류하고 융합할 수 있는 지역사회에 열린 캠퍼스타운을 조성하는 데 있다. 이에 환경과 자연친화적인 생활의식을 고취할 수 있도록 캠퍼스 자체를 살아 있는 환경교육의 장을 조성하는 캠퍼스 종합발전계획을 수립하였다.

② 자연 · 건축 · 사람의 교류를 활성화하는 친환경 건축

• 대학 캠퍼스 시설 확충에 대한 원칙은 자연지형을 그대로 살리면서 건물과 자연이 융화할 수 있도록 조성하였다. 이를 통하여 자연과 건축, 자연과 사용자, 건축과 사용자의 교류를 활성화할 수 있는 교육환경을 조성하였다. 이를 위하여 필로티 공간과 중정, 아트리움을 도입하여 자연과 빛을 끌어들여 교류의 장을 형성하고 친환경 건축을 실현하였다. 신축된 건물들은 2005년 한국건축문화대상 등 건축적으로 그 우수성을 인정받고 있다.

• 예술관은 지상 5층, 연면적 $9,867m^2$ 규모로 2005년에 완공되었으며 미술, 음악, 건축 등 3개 학부가 사용한다. 국제교류관은 지하 1층, 지상 5층, 연면적 $9,982m^2$의 규모로 2005년도에 완공되

어 레저스포츠학과, 공연영상학부, 대학원, 한국어교육원 등이
위치해 있다. 국제언어생활관(남녀 학생 기숙사)은 2006년에 완공
되었으며, 남녀학생 1,100여 명을 수용할 수 있는 규모로 숙소
이외에 독서실, 세미나실, 휴게실, 학생식당과 편의점, 헬스장,
골프연습장 등의 복지시설이 있다.

[그림 9-17] 배재대 예술관

[그림 9-18] 배재대 국제교류관

[그림 9-19] 배재대 국제교류관 아트리움

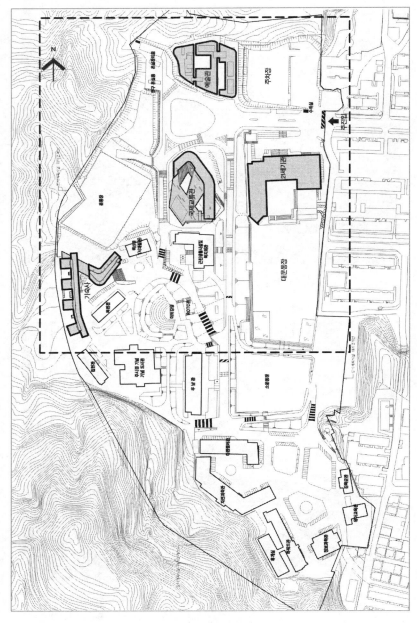

[그림 9-20] 배재대 종합배치도

(2) 대전대학교

① 캠퍼스 공간 축의 변화에 대응한 대학 마스터플랜의 재정립

• 대학 정문인 남문과 더불어 동문과 서문을 새롭게 개설하고, 서
  문 쪽은 대학촌의 형성으로 대학과 지역사회를 연결하는 고리가
  되는 등 동선체계의 변화에 대응한 종합 마스터플랜의 재구축과
  함께 대학 내 공간 구조의 재편을 추진하였다.

② 대학 캠퍼스의 공간 구조 체계의 변화에 연계된 건축

• 지산도서관을 중심으로 동문의 출입구와 서문쪽 대학촌을 시각
  적으로 연결하는 위치에 맥센터(종합문화체육공간)와 혜화문화
  관, 제2생활관을 건설하여 기존 캠퍼스의 공간 구조를 새롭게
  변화시켰다.

• 혜화문화관은 2003년 9월에 완공되었으며 다목적 공연장과 학
  생식당, 동아리실, 전시실, 학생상담실과 어학실이 위치해 있다.

• 맥센터는 114,053m²의 체육관으로 각종 구장이 있으며, 구성원
  과 지역주민의 여가활동을 위한 월빙센터다.

• 대학 기숙사는 637명 수용규모로 남자 기숙사동과 여자 기숙사
  동으로 구분되어 있으며, 동과 동 사이에 마당 개념의 공간을 배
  치하였다.

[그림 9-21] 대전대 혜화문화관

[그림 9-22] 대전대 맥센터

[그림 9-23] 대전대 제2생활관

3) 대학 캠퍼스의 이전을 통한 시설 확충

(1) 금오공과대학교

금오공과대학교는 1979년 12월 내륙 최대의 첨단공업단지인 구미시에 기술인력 양성을 목표로 설립되었다. 캠퍼스 이전사업은 1994년 최초 사업계획을 수립하여 현 신평동 캠퍼스의 부족한 교육시설을 확충하기 위하여 구미국가산업단지의 제2공단과 제4공단 사이에 위치한 구미시 양호동 낙동강변 일대 21만 평의 부지에 3단계에 걸쳐 2010년 완공을 목표로 2004년 양호동 신 캠퍼스를 조성하였다.

신평동 캠퍼스는 도심에 위치해 있어서 한정된 대학부지 내에서 부족한 시설을 감당하기 어려워, 이를 확충하기 위하여 교외에 신 캠퍼스를 조성하여 이전하였다.

[그림 9-24] 금오공대 도서관 및 테크노관 전경

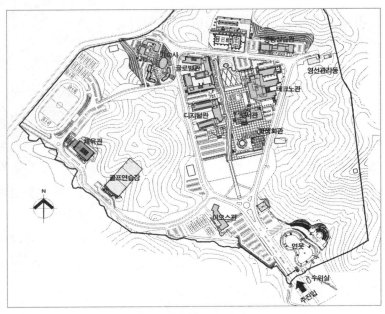

[그림 9-25] 금오공대 종합배치도

(2) 서울예술대학

서울예술대학은 2001년도에 안산시에 대지 241,622m² 규모로 안산 캠퍼스(예술교육전문공간)를 건립하여 이전함으로써 서울 남산캠퍼스 (예술체험문화공간)와 더불어 이원화된 캠퍼스 체제를 구축하게 되었다.

[그림 9-26] 서울예술대학 동쪽 방향 전경

[그림 9-27] 서울예술대학 서북 방향 전경

안산캠퍼스는 문화예술공간(cultural theme park) 개념으로 자연환경과 건물, 건물과 외부공간, 외부공간과 내부공간의 조화가 이루어지는 가운데 자연과 모든 공간, 옥외시설이 예술교육과 체험공간으로 조성되었다. 특히, 5개 교육공간 가운데에 위치한 중앙계단은 중앙광장이면서 무대가 되며, 동시에 객석이 될 수 있는 다목적 활동공간으로서 주야로 공연·전시·영화 및 TV 촬영장, 이벤트를 수용할 수 있고 교육 기능을 가질 수 있도록 설계되었다.

안산캠퍼스 마스터플랜의 개념은 지형에 순응하며 비움과 비움이 중첩되고 그 흐름을 따라 자연에 스며들도록 계획했다는 설계자의 설명처럼, 마스터플랜과 건물의 배치가 자연환경과 잘 어우러진 우수한 작품으로 평가받아 제24회 한국건축가협회상 수상을 비롯하여 다수의 수상경력을 갖고 있다.

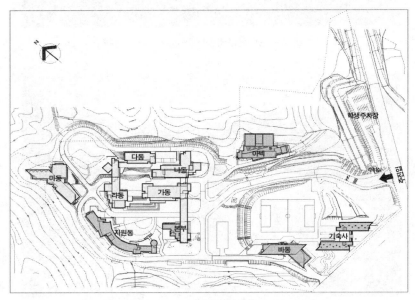

[그림 9-28] 서울예술대학 종합배치도

(3) 한국예술종합학교

한국예술종합학교는 서울 서초동 예술의 전당 내에 학교부지 $15,919m^2$ 규모로 설립되었으며, 학과의 증설에 따라서 성북구 석관동캠퍼스가 구국정원 부지 $178,498m^2$에 조성되었다. 이로써 서초동캠퍼스(음악원, 무용원)와 석관동캠퍼스(연극원, 영상원, 미술원, 전통예술원, 극장동 등)의 두 캠퍼스를 구축하게 되었다.

석관동캠퍼스에 신축된 제2교사동은 강의동과 극장동, 복합문화센터이며, 국내 최고 수준의 창작예술학교의 이미지와 학생들의 다양한 예술활동을 통해 특색 있는 예술활동을 연출할 수 있도록 협소한 부지를 잘 활용하여 기능별, 특성별 공간 배치를 한 점이 높게 평가되어 2006년에 대한민국 토목 · 건축대상을 수상하였다.

[그림 9-29] 한국예술종합학교 제2교사동

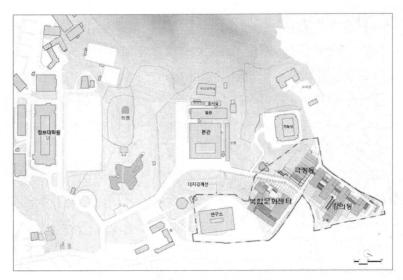

[그림 9-30] 한국종합예술학교 배치도

4. 대학 캠퍼스의 분교 설립

교육과학기술부가 대학정원억제책을 지속적으로 추진한 결과, 1970년대 후반 들어 대졸자의 공급부족현상을 야기하게 되어 1979년 대학정원의 대폭적인 확대가 이루어지게 되었으며 서울소재 9개 대학이 지방에 분교를 설치하는 계기가 되었다.

한양대 안산캠퍼스(1980), 고려대 세종캠퍼스(1980), 홍익대 조치원캠퍼스(1988), 연세대 원주캠퍼스(1978), 건국대 충주캠퍼스(1980), 단국대 천안캠퍼스(1978), 동국대 경주캠퍼스(1979), 경희대 국제캠퍼스(1979), 명지대 용인캠퍼스(1980), 상명대 천안캠퍼스(1999) 등이 있다.

[그림 9-31] 한양대 안산캠퍼스 전경

5. 대학 캠퍼스의 신설

1) 국립울산과학기술대학교

국립울산과학기술대학교는 울산광역시 울주군에 약 100만m² 대지에 학생 총정원 5,000명을 수용할 수 있는 규모로 계획되었다. 2006년 캠퍼스 마스터플랜을 마련한 후에 임대형 민자사업(BTL)으로 2009년 3월 개교를 목표로 추진되었다. 캠퍼스 계획의 기본 방향은 자연과 공생하는 생태 캠퍼스, 사용자 중심의 휴먼 캠퍼스, 첨단기술 캠퍼스, 지역사회와 교류 극대화 등을 중점 추구한다.

[그림 9-32] 국립 울산과학기술대학교 전경

2) 한국전통문화학교

한국전통문화학교는 전통문화교육의 센터 역할을 수행하기 위하여 2000년 개교하였으며, 충청남도 부여군에 대지 221,297m², 연면적 50,633m²의 규모로 건립되었다. 문화유산을 보존·관리하고 그 맥을 계승할 인재를 양성하기 위해서 설립한 전문교육기관이다.

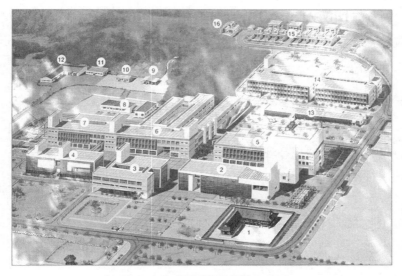

[그림 9-33] 한국전통문화학교 조감도

[그림 9-34] 한국전통문화학교 전경

6. 대학시설의 패러다임 변화

1) 디지털코드로의 시설 전환

- 도서관 및 강의실이 디지털코드로 조성된 시설 구축
- 40~60명 수용 규모의 기존 강의실은 학습매체의 디지털화에 대응하여 강의 내용과 방법에 따라 다양한 학습공간으로 전환
- 사용자 인증 시스템을 적용한 융통성 있는 강의공간 구축

(1) 정보도서관

① 포항공대 청암학술정보관
- 디지털 정보화 도서관 구축
- 도서관 주변에 그룹 스터디를 위한 대·중·소 디지털 세미나실 설치
- 스카이라운지에 학생 휴게공간 설치

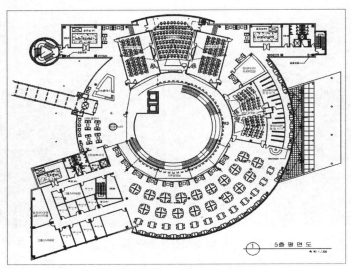

[그림 9-35] 포항공대 학술정보관 평면도

[그림 9-36] 포항공대 학술정보관 미디어열람실

② 고려대 100주년 기념관

• 디지털 정보도서관 시스템 구축
• 기념관 및 전시실 등을 겸비한 복합문화공간 구축
• 본교 지하 캠퍼스와 연계한 디지털 정보공간

(2) 멀티미디어 강의실

① 서울대 인문계열, 사회계열 멀티미디어 강의동

• 각 계열별 디지털 전용 영상매체 강의실체제 구축
• 대 · 중 · 소 강의실 구축으로 다양한 교육활동 지원
• 유비쿼터스 시설의 조성

[그림 9-37] 서울대 이공계 멀티미디어 강의실

② 고려대 LG-POSCO 경영관 강의실

• 디지털미디어 전용 강의실 구축
• 강의실의 형태를 계단식 라운드형으로 만들어 강의 및 학습환경을 질적으로 향상시킴

2) 복지 · 문화 · 체육시설의 강화

(1) 학생 복지문화센터의 지향

• 캠퍼스 생활의 중심공간으로 대학생들의 후생복지문화를 위한 각종 편의시설과 복지시설을 학교 내에 설치하여 캠퍼스 생활공간 구축
• 휘트니스센터, 수영장, 체력단련장, 골프장, 스쿼시장, 요가, 재즈댄스 등(대표 사례: 서울대 포스코 스포츠센터, 국민대 종합복지관, 대전대 혜화문화관)

[그림 9-38] 고려대 자연계 캠퍼스 휘트니스센터

(2) 쾌적한 주거문화공간의 조성

• 기숙사시설은 학생들의 복지 차원에서 중요한 대학시설의 요소
이나, 그동안 국내 대학들은 세계화 추세에 뒤처져 있었던 것이
사실이다. 또한 지방 학생 유치에 있어서도 기숙사시설은 절대
적이고, 대학의 특성상 연구를 활성화하기 위해서는 대학 내에
기숙사시설을 구축하는 것이 필수적이다. 각 대학들은 기숙사
규모를 총학생 수의 30% 수용을 목표로 추진하고 있으며, 시설
은 고급화, 고층화하고 있는 추세다.

국립대학교의 경우는 2005년 민간투자법 개정으로 학교시설이
민간투자대상에 포함되면서 수익형 민간자본투자사업(BTO) 방
식으로 추진되고 있다. 사립대학교에서는 건국대가 2006년에
2,034명을 수용하는 규모의 기숙사를 사립대 최초로 BTO 사업
방식으로 건설하였다. 기숙사는 개인 숙소뿐만 아니라 각종 편
의시설, 식당, 매점, 헬스시설 등이 복합된 형태로 건립된다(대표
사례: 서울대, 건국대, 충남대, 충북대, 배재대, 대전대, 동신대 등).

[그림 9-39] 배재대 학생 기숙사

[그림 9-40] 충북대 학생 기숙사

[그림 9-41] 고려대 하나스퀘어 지하홀 미디어인포메이션센터

(3) 유비쿼터스 환경의 조성

- 미디어컨텐츠 공간의 확산
- 무선인터넷 시스템 구축
- 동영상 강의 및 강의실체제 구축

(4) 민간 브랜드의 상업시설 입점

- 수도권대학을 중심으로 교육연구시설 확충과 학생들의 복지 및
  편의시설이 동시에 복합화 또는 재정비되면서 질과 서비스 수준
  이 우수한 유명 브랜드의 상업시설이 경쟁적으로 대학 내에 입점
  하고 있다(대표사례: 고려대, 국민대, 이화여대, 한양대 등).

[그림 9-42] 국민대 7호관 지하 커피숍

3) 지역사회에 개방하는 대학시설

(1) 각종 전시, 관람, 스포츠 시설을 지역사회에 개방

(대표사례: 부산대 효원문화관, 배재대 21세기관, 대전대 맥센터, 국민대 종합복지관 등)

(2) 캠퍼스의 녹지공원을 지역사회에 개방

(대표사례: 계원예술대, 고려대 중앙광장 및 하나스퀘어 등)

4) 친환경 캠퍼스 조성

친환경에 대한 중요성이 대두되면서 친환경공간 구축 코드의 활성화로 자연친화형 대학 캠퍼스 구축이 확대되었다.

(1) 차 없는 녹지공간 조성

기존의 대학 캠퍼스가 아스팔트 도로 및 지상 주차장 위주로 조성되어 있는 것을, 지하 주차장을 설치하면서 대학 내에는 차 없는 녹지공간을 조성하고, 보행자 위주로 캠퍼스를 재정비하는 대학들이 증가하고 있다.

이를 위하여 보행가로와 보행몰, 광장, 휴게공간 등을 연계하여 자연친화적인 공간을 구축하였다(대표사례: 고려대 광장, 국민대 보행가로, 이화여대 지하광장 상부 보행로 등).

[그림 9-43] 이화여대 지하공간 상부 보행로

(2) 옥상정원의 활성화

기존 옥상공간은 활용 측면에서 거의 전무한 실정이었으나, 이를 친환경 녹지공간으로 조성하여 옥상정원을 휴식공간으로 활용하는 한편, 지상과 연계하여 지상공간을 연장하는 효과를 얻음으로써 협소한 대학부지에서 유용하게 사용하고 있다. 이와 더불어 옥상 부분의 단열 성능을 높여서 에너지 절약 효과도 얻을 수 있다(대표사례: 고려대 중앙광장 및 하나스퀘어, 국민대 종합복지관, 대전대 혜화문화관 등).

[그림 9-44] 국민대 종합복지관 옥상정원

[그림 9-45] 배재대 국제교류관 옥상정원

[그림 9-46] 고려대 산학협력관 앞 벽천

(3) 친수공간의 확충

대학 캠퍼스의 공간 구조 축을 보행로 및 보행광장 등의 보행자 위주로 계획하면서 연못이나 분수, 인공폭포 등의 친수공간을 연계하여 외부공간을 조성하였다(대표사례: 건국대 서울캠퍼스, 울산과학기술대, 부산대 양산캠퍼스 등).

(4) 아트리움 및 썬큰 가든의 도입

건물 내에 빛을 유입하고 외부와 내부를 연계하는 수단으로 아트리움과 썬큰 가든을 도입하여 다양한 분위기의 공간으로 창출하였다(대표사례: 고려대 하나스퀘어, 국민대 국제관, 배재대 국제교류관 등).

[그림 9-47] 국민대 국제교육관 아트리움

(5) 중정 및 필로티 공간의 도입

대학시설에 필로티 공간을 도입하여 시각적 개방감과 심리적 안정감을 부여하고 있다. 건물로 단절된 공간과 자연을 시각적으로 연결하고 기존 건물과 연계하여 휴식공간을 제공할 뿐만 아니라 옥외학습 및 모임공간 등 다양한 목적으로 활용할 수 있는 효과가 있다(대표사례: 국민대 국제교육관 및 7호관, 대전대 혜화문화관, 예술관 등).

[그림 9-48] 대전대 혜화문화관 필로티 및 중정

5) 대기업의 기증 건축물 건립

수도권대학을 중심으로 대학 캠퍼스 내에 대기업 및 전문기업 등이 해당 분야의 연구소 혹은 학부(과)를 위한 건축물을 기증하고 있다(대표사례: 서울대, 연세대, 고려대, 이화여대 등에 다수 기증되어 사용됨).

[그림 9-49] 고려대 LG-POSCO관 외관

[그림 9-50] 한양대 안산캠퍼스 테크노파크

6) 산학협력관 및 사회교육원 건립

과학기술교육 및 연구를 진흥하고 산학연 협력체제를 구축하여 신기술 개발과 고급인력을 양성하기 위하여 이공계열이 있는 대학교에서 산학협력 정도에 따라 산학협력관 혹은 산학협력 복합단지화하고 있다. 또한 평생교육 차원에서 일반인을 대상으로 사회교육을 활성화하기 위해 캠퍼스 내 별도의 건물을 건립하거나 사이버대학을 운영하고 있다(대표사례: 한양대, 서울대, 연세대, 고려대, 건국대 등).

[그림 9-51] 한양대 종합기술연구원(산학협력관)

7) 대학 도심 캠퍼스 조성

대학부지가 부족한 가운데 교육 및 연구시설의 요구는 증가하는 추세다. 부족한 시설을 확충하기 위해 특화된 도심(패션문화의 중심지인 서울 강남구 청담동, 공연예술의 1번지인 종로구 동숭동 등)에 그와 연

계된 전문 분야(공연예술, 디자인 분야)의 작은 캠퍼스를 설립하여 현
장과 이론을 연결한 새로운 지식생산의 통로를 만들었다. 동덕여대
는 대학부지가 협소하여 일찍이 1995년부터 3개의 도심 캠퍼스를 갖
고 있다(대표사례: 국민대학교 동숭동 제로원 디자인센터(2005), 홍익대 대
학로 디자인캠퍼스, 동덕여대 청담동 디자인센터(1995), 인사동 동덕아트센터
(1997), 동숭동 공연예술센터(2001), 상명대 동숭동 예술디자인관(2001) 등).

[그림 9-52] 동덕여대 디자인센터

8) 민간투자사업 방식에 의한 시설 확충

(1) 부산대학교 효원문화회관

부산대학교 효원문화회관은 대학의 문화 · 복지 · 체육 및 편의시
설 등 다양한 시설 확충이 절실한 가운데 기존 대학재원으로는 이런
수요를 충족하는 데 한계가 있었다. 따라서 정부 재정지원이 없는

BTO 방식으로 사업을 추진하게 되었다. BTO 방식은 학교가 부지만 제공하고 사업자가 건설 후 기부채납하고 수익시설을 일정기간 관리·운영하여 자본을 회수하는 방식이다. 부산대의 경우 공사기간은 2007년 7월~2009년 3월이며, 관리·운영권 설정기간은 2009~2038년 (30년)이다.

부산대 효원문화회관은 국립대학교 중에서 기숙사시설을 제외한 지원시설 분야에서는 국내 최초로 수익형 민간투자사업으로 진행한 사업으로, 타국·공립대학에 모범이 되는 사례라고 할 수 있다.

[그림 9-53] 부산대 효원문화관

(2) 국 · 사립대학의 기숙사시설

① 국립대 기숙사

민간투자 방식(BTO)으로 추진된 국립대학 기숙사 현황을 살펴보면 2005년도에 27개 대학, 2006년도에 4개 대학, 2007년도에 1개 대학 등 총 32개 대학으로 총예산은 6,794억 원이다.

‖ 표 9-1 ‖ 국립대학교 기숙사시설 민간투자사업 현황(2008년 현재)

고시연도	사업대학(번들링)	대학 수	한도액 (억원)	추진 현황
2005	전북대/전주교대	2	457	공사 중
	전남대/목포대/순천대/광주교대	4	958	
	제주대	1	129	
	경상대/창원대	2	447	
	경북대/금오공대	2	423	
	충북대/교원대/청주교대	3	504	
	강원대/강릉대/춘천교대	3	597	
	부산대/부경대/부산교대	3	617	
	충남대/공주대/한밭대/공주교대	4	965	
	한경대/재활복지대/인천교대	3	329	
	소계	27	5,426	
2006	전북대/서울교대	2	277	협약완료
	부산대/안동대	2	267	
	소계	4	544	
2007	서울대	1	824	고시 중
합계		32	6,794	

출처: 민자사업을 통한 대학시설 확충. 교육인적자원부 보도자료, 2007. 11. 26.

② 사립대 기숙사

사립대학들은 2004년부터 국립대학보다 앞서 민간투자사업을 시
행해 왔다. 한양대학교는 사립대학 최초로 안산캠퍼스에 기숙사와
게스트하우스를 BTO 방식으로 건설하였으며 관리·운영기간은 30년
이다. 2007년까지 민간투자사업으로 추진한 사업은 11개 대학, 예산
범위는 45~2,000억 원까지 다양하다. 관리기간은 12~30년간이다.

용도는 기숙사, 체육시설, 산학협력관, 병원 등이며, 사업 방식은
대부분 BTO, 일부 BTL, 일부 BTO+BTL, 관리기간은 12~30년이며
대부분 20년간이다.

‖ 표 9-2 ‖ 사립대학교 기숙사시설 민간투자사업 현황(2008년 현재)

협약 연도	학교명	용도	금액 (억원)	사업 방식	완공	관리 기간
2004	한양대(안산)	기숙사 게스트하우스	420	BTO	'06. 2	30년
	중앙대 부고	체육시설	400	BTO	'07. 10	30년
2005	건국대	기숙사	460	BTO	'06. 8	13.5년
	강남대	기숙사 산학협력관	300	BTO/BTL	'07. 2	12년
	경희대(수원)	기숙사	483	BTO	'07. 12	20년
	한라대	기숙사	85	BTL	'07. 12	13년
2006	전주대	기숙사	230	BTO	'08. 3	20년
	경원대	기숙사	89	BTO	'07. 9	20년
2007	인제대	병원	1,982	BTL	'09. 9	20년
	서강대	기숙사	410	BTO	'08. 7	20년
	단국대	기숙사	450	BTO	'08. 10	20년

출처: 민자사업을 통한 대학시설 확충. 교육인적자원부 보도자료, 2007. 11. 26.

제10장

국외 대학의 사례[1]

1. 릿쿄대학 니이자캠퍼스

릿쿄대학 니이자캠퍼스(立教大学 新座 캠퍼스 – 인문계 캠퍼스)는 부지면적 201,326m², 연면적 15,227m²(6호관), 지상 8층 규모로 1990년부터 정비를 시작한 새로운 캠퍼스다. 대학 재편(再編)에 따라 시설 확충을 위하여 3동을 신축하였으며, 기존 건물은 개수하고 랜드스케이프를 재구축하여 캠퍼스를 활성화시키고 이미지를 개선하도록 계획하였다. '생활하기 좋고 기억에 남는 캠퍼스'를 테마로 지역환경과 잘 어울리며 도시적인 분위기의 캠퍼스로 계획되었다. 또한 주변 환경과의 조화를 위하여 유럽 도시의 분위기를 도입하여, 기존 건물에 벽면선을 맞추어 광장과 보행도로의 윤곽을 명확하게 표현하였고, 학생과 교직원의 커뮤니케이션을 유발하는 환경을 만들기 위하여 걸어다니기 재미있는 입체적 동선을 만들었다. 건물의 1층에는 학생들의 생활공간과 통과 도로인 회랑과 필로티, 2층에는 건물들을 연결

---

1) 이 장은 강남대학교 도시건축학부 김종석 교수에 의해 집필된 것임.

하는 테라스, 옥상광장, 브리지를 설치하였다.

여러 건물들이 혼재해 있는 니이자캠퍼스의 디자인 규범은 대학교와 중고 교사의 단조로운 모더니즘에 있다. 릿교학원의 전통인 빨간 벽돌은 모더니즘과의 조화가 고려된 색채로 변화시켜 건물의 공동요소로서 각 건물의 기반에 사용되었다.

6호관 건물은 연구실, 교실, 극장, 도서관으로 구성되어 있다. 현대 심리학부의 중심시설, 보행자도로에 면해 있는 도서관과 PC 교실이 일체화되어 정보센터를 형성하고 있다. 현대심리학부는 종래의 문학부 심리학과를 모체로 '마음 · 신체 · 영상'을 테마로 하여 새로운 학부로 확충 · 독립된 것이다. 이 학부에서는 영화 · 비디오 등의 기계 영상이 시각을 통해서 인간에게 미치는 영향과, 연극 · 퍼포먼스 등의 신체표현이 마음에 미치는 영향에 대하여 공부한다. 이 새로운 학부 개념을 건물에 표현하기 위하여 신체의 힘의 흐름을 곡면 PC로 표현하고 유리면에 반영 · 투과하는 '영상'을 이미지로 적용시켰다. 구조는 공기 단축과 구조체의 장수명화를 고려하여 결정되었다. 자연 채광 · 바람 · 비 · 지열 이용, 옥상녹화 등의 친환경 수법을 적극적으로 채택했다.

7호관 건물은 사무처리 공간과 오픈 리서치를 위한 시설로 구성되어 있다. 이 건물은 캠퍼스 부지 내에 남아 있는 부정형 토지에, 많은 보존 수목과, 네 종류의 서로 다른 외관을 가지고 있는 건물에 인접해 있다는 어려운 조건을 고려하여 배치되었다. 잔디광장에 면하여 배치된 열주(列柱)는 종루(鐘樓)와 수목들과 잘 조화되어 캠퍼스 내부로 사람들을 끌어들이는 원심력이 되고 있다.

백합나무 홀은 학생들의 캠퍼스 생활을 위한 서클 룸, 음악연습실, 소극장 등의 복리후생시설로 구성되어 있다. 이 건물은 캠퍼스의 가장 깊숙한 곳에 위치하여 있으며, 노출 콘크리트와 불규칙하게 배치

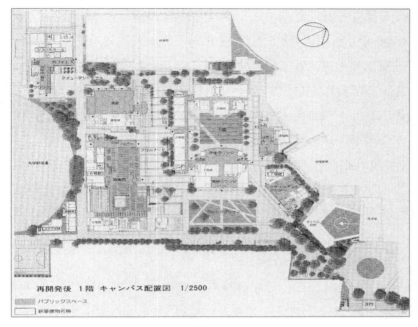

[그림 10-1] 릿교대학 니이자캠퍼스 배치도

된 옆으로 긴 창문이 특징이다. 인접한 식당과 함께 학생들에게 여유 공간을 제공하고 있다. 학생들이 접근하기 쉽도록 바닥은 투명한 재료를 사용하였으며, 건물 깊숙이 학생들을 유도하도록 입체적인 공간 구성을 채택하였다.

2. 시바우라공업대학 도요스캠퍼스

시바우라공업대학(芝浦工業大学)은 지하 1층 지상 14층, 부지면적 30,000m², 연면적 61,935m²의 규모로 노후한 다마치(田町)캠퍼스의 개축 이후 이전하기까지는 4반세기가 걸렸으며, 도요스(豊洲)로 이전이 결정되어 새로운 캠퍼스가 탄생하였다. 도요스캠퍼스(이공계 캠퍼스)의 테마는 미래형·도심형 캠퍼스다. 도요스 2, 3지구는 새로운 '마을'로서 선단기업의 업무시설, 대규모 도시주택, 상업시설 등의 개발이 진행되고 있다. 그 일각에 위치한 캠퍼스는 '마을'에 교육·연구라고 하는 새로운 축을 형성하고, 산·학이 일체가 된 미래형 '마을'로 성장하고 있다.

부지의 커다란 특징은 인접해 있는 운하라고 할 수 있다. 커뮤니티 거리로부터 운하로 유입되도록, 캠퍼스 광장에서 운하를 향한 두꺼운 축선은 건물에 설치된 커다란 광장을 통과하게 되어 있다. 이 개선문과 같은 연구동은 바람이 심한 지역 풍토를 고려하여 건물에 바람 통로를 설치한 것이다.

도심형 캠퍼스로서 최대 특징은 넓은 부지에 각 기능이 산재되어 있는 기존 교외형 캠퍼스 계획과는 달리, $30,000m^2$라는 작은 부지임에도 불과하고 약 $60,000m^2$나 되는 건물과 캠퍼스 광장을 확보한 것이다.

건물 구성은 우선 대학 기능의 중심인 도서관이 시설의 중심부이자 운하 조망도 좋은 8층에 배치되어 있다. 건물의 저층부에는 교실, 사무실, 테크노 플라자, 옥상정원 등이 있다. 또한 건물 속에 설치된 바람 통로 및 에스컬레이터, 라운지가 일체공간으로 구성되어 있다. 이 일체공간에서 학생과 교직원의 커뮤니케이션이 활발하게 이루어질 수 있는 건축공간이 창출되도록 기대된다.

도요스캠퍼스는 미래형 캠퍼스로서 대학교육의 변화에 유연하게 대응할 수 있도록 계획되어 있다. 또한 100년 이상 유지할 수 있는 구조와 이것을 지탱할 수 있는 시스템을 가지고 있다. 이 구조는 지진이 발생했을 때 가속도를 반감할 수 있는 가장 안전성이 높은 면진 구조를 채택하였다.

실험동의 공조 · 위생계통의 설비는 전부 외부 샤프트로부터 공급하도록 계획함으로써 실험 내용의 변화에도 대규모 개수가 필요 없는 시스템이 구축되어 있다.

또한 대학시설로서의 에너지 절약도 고려하여 계획되어, 인접해 있는 도요스의 IHI 빌딩으로부터 열원 공급을 받도록 되어 있다. 즉, 지역과 일체화하여 지역 냉난방(DHC)을 채택함으로써 고효율 에너지 사업에 공헌하고 있다.

전 건물공간은 자연환기가 가능하도록 설계되어 있으며, 건물에 설치된 아트리움은 그 높이를 이용하여 입체적으로 자연환기가 가능한 효율적인 환기 시스템을 채택하고 있다.

또한 외벽의 열부하를 저감시키기 위하여 복층유리를 채용하였으며, 태양의 각도 · 시간을 고려하여 벽면에 차양, 처마 등을 설치하여 건물에 직접 일사에 의한 열이 전달되지 않도록 고려하였다.

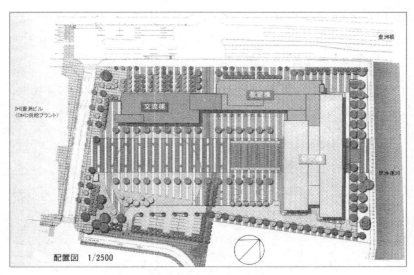

[그림 10-2] 시바우라공업대학 도요스캠퍼스 배치도

3. 오미야법과대학원대학

오미야법과대학원대학(大宮法科大学院大学 – 법학대학원)은 지하 1층 지상 19층, 부지면적 5,130m², 연면적 24,632m²의 규모를 갖고 있다. 학교법인 사도우사에학원(佐藤栄学園)이 기존의 대학 법학부와는 독립적으로 동경변호사회의 협력을 얻어 설립한 것이다. 현역 변호사를 교원으로 초빙하여 기존의 법학교육과는 달리 실천적이고 살아 있는 교육을 하기 위한 장소를 창출하는 것이 이 대학의 목적이다.

이 대학은 JR 오미야역의 서쪽 출입구로부터 이어지는 건물군의 종점에 위치하고 있다. 즉, 국도 17호의 교차점에 위치하고 있다. 부지의 서쪽에는 이미 초등학교가 위치하고 있으므로 이 초등학교 교사에 대학 건물의 그림자가 영향을 미치지 않도록 대학 건물 위치를 결정하였다.

대학 건물은 고층동과 저층동으로 나누어 계획되었다. 볼륨이 큰 강당, 미술관, 학생식당은 저층동에 설치하였다. 고층동은 하층부를 대학 존(zone), 상층부를 임대사무실 존으로 구획했다. 또한 저층동과 고층동을 인공지반으로 연결하여 일체감 및 쾌적한 옥외공간을 창출하였다. 상부에는 테라스, 일본정원을 설치하여 학생들에게 휴식공간을 제공하고 있다. 하부에는 필로티 공간으로 주차장과 학생식당을 배치하였다.

이 대학 건물은 1학년부터 3학년까지 전체 학생 수가 300명, 교직원 수가 60명 정도인 소규모 도시형 캠퍼스에 임대사무실이 첨가된 복합시설이다. 학생들의 생활 패턴을 고려하여 효율 좋은 순환동선을 구축하였는데, 2층에 설치한 학생과는 보이드 공간을 통하여 1층 입구 로비로부터 직접 계단으로 접근할 수 있도록 배치되어 있다. 또한 학생 로비를 설치하여 정보교환의 장소로 사용할 수 있도록 하였다. 실 배치는 학생 동선과 사무 관련 동선이 분리되도록 고려하였다.

도서관은 교실층과 2층의 학생 플로어의 중간, 즉 3, 4층에 위치해 있다. 교실은 5, 6층에 집중적으로 설치하여 학생들의 이동을 최소화했다. 특히, 복도는 이중 복도로 라커실을 평행 배치하여 학생들이 쉽게 이용할 수 있도록 배려하였다.

건물의 7~9층은 세미나실과 교수연구실로 구성되어 있다. 18층은 숙박실로 사법시험 준비를 위한 학습공간으로 사용되고 있다.

건물 주변에는 가능한 한 넓은 공개 공지를 확보하였다. 부지가 교통량이 많은 교차점에 위치하고 있어 건물을 될 수 있는 한 후퇴하여 배치하였다. 그리고 열주를 이용한 회랑 공간을 만들고 그 사이사이에는 저명한 조각작품을 설치하였다.

또한 건물 1층에는 변호사 사무실이 설치되어 있어 무료법률상담 및 고학년 학생들의 실천교육의 장으로 사용되고 있다. 일반 점포도 설치되어 있어 지역주민의 편의를 돕고 있다. 학생식당은 공개 공지에 면하게 배치하여 일반인도 이용하기 쉬운 형태로 설계되어 있다.

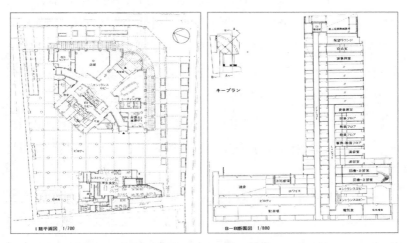

[그림 10-3] 오미야법과대학원대학 1층 평면도 및 단면도

건물 의장은 법과대학원의 정신인 존중·공평성·질서를 잘 표현할 수 있도록, 기단부와 수직 리브의 곡면 형태를 복합적으로 사용하였다. 또한 건물의 정상 부분을 경사지게 처리함으로써 생동감 있는 건물을 연출하였다.

4. 오사카시립대학 공통교육동

오사카시립대학(大阪市立大學) 공통교육동은 대학시설은 전학공통과목의 수업과 국제화·정보화의 변화에 대응할 수 있는 기반시설로 지하 1층 지상 5층, 부지면적 55,447m², 연면적 12,485m²의 규모로 계획되었다. 또한 양호한 교육환경의 확보와 캠퍼스 어메니티 향상뿐만 아니라 국내외 학회 개최에도 대응할 수 있는 시설로 계획되었다.

이 건물이 위치한 스기모토캠퍼스(杉本 캠퍼스)는 오사카 시의 남부, 야마토천(大和川) 옆에 위치하고 있다. 캠퍼스 주변에는 조용한 저층 주택단지가 위치해 있다. 캠퍼스의 북단에 건설한 본 대학시설은 주변 주택지와의 조화와 마을의 경관 형성에 기여하도록 계획되어 있다.

대학시설은 기존의 기초교육실험동과 함께 전학공통교육시설 존을 형성하고 있다. 주변 시가지 경관과 대학 축선과의 조화를 위하여 건물 외관은 그리드를 이용하여 정연한 디자인으로 계획했다.

전 학부, 전 학년, 많은 교직원이 사용하고 있는 이 시설의 테마는 '교류'다. 건물로 둘러싸인 중정을 중심으로 사람들이 휴식할 수 있는 공간이 설치되어 있다.

공통교육시설과 복리후생시설로 구성된 가구(街區)의 입구 광장으로부터 필로티를 통하여 중정으로 사람들을 유도하도록 계획되어 있다. 대규모 계단, 개방 복도, 오픈 스페이스, 옥외계단을 배치하여 공간에 변화를 주어 교류를 촉진하였다.

강의실은 자연광을 충분히 받을 수 있도록 남향에 설치하였다. 특히, 사람들이 한꺼번에 많이 이용하는 대강의실은 건물의 저층부에 설치하였다. 또한 정보처리교실과 외국어특별연습실은 안정된 일조가 확보될 수 있는 북쪽에 배치되어 있다. 건물의 수직 동선인 계단은 교실 간의 이동거리가 짧고 학생들의 이용 빈도가 높은 곳에 위치해 있다. 건물 외부에 돌출되어 있는 기둥과 보 그리고 이 속에 설치된 수직·수평 루버에 의한 음영이 건물 이미지를 중후하게 만들고 있다. 대강의실 상부를 이용하여 설치된 중정의 대규모 계단은 교류담화실과 연결되어 교류공간의 역할을 하고 있다. 또한 행사 시에는 객석으로도 사용하고 있다.

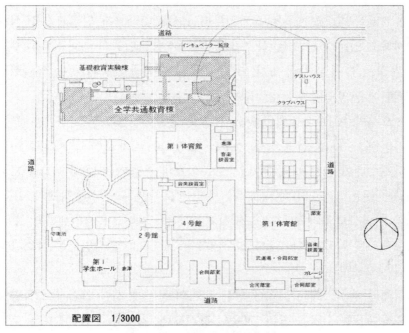

[그림 10-4] 오사카시립대학 배치도

건물 구조는 철근 콘크리트조이며, 16m 및 14.5m 스팬에는 프리
캐스트 콘크리트조의 보를 채용했다. 1층은 대강의실, 2~4층은 교
실과 안쪽으로 깊숙한 개방 복도로 긴 스팬 구조를 채택하고 있다.
개방 복도의 이동과 이용의 편리성 향상을 위해 설치된 중정 상부의
23m 스팬은 철골 구조로 경쾌하고 단순한 이미지를 준다. 강의실 사
용 방법의 변화에 대응하도록 교실 칸막이는 건식 칸막이를 사용하
였으며, 개방 복도의 외벽에는 건식 패널을 채용하여 유동성의 향상
을 시도하였다.

5. 오사카종합보육대학

죠난학원(城南学園)은 유치원부터 4년제 대학까지 일관교육을 실
시하고 있는 전통 있는 학교법인이다. 이 학교법인의 캠퍼스는 대부
분 도시 속에 위치해 있다. 또한 건물들은 녹색 지붕과 벽돌 타일로
외관이 통일되어 있는 것이 특징이다.

오사카종합보육대학(大阪総合保育大学, 복지계 대학)은 지상 5층, 부
지면적 1,966m², 연면적 3,919m²의 규모로 새로 개교한 4년제 대학이
다. 이 대학은 보육원, 유치원, 초등학교와 관련된 폭넓은 지식과 고
도의 전문성을 교육하는 교육·보육 전문가를 육성하는 학교다. 또
한 지역사회와의 교류를 도모하기 위하여 '자녀교육지원센터'의 구
상도 계획하고 있다. 앞으로는 대학이 자녀교육을 지원하는 장소가
될 것으로 기대된다.

대학 캠퍼스에는 기억에 남는 추억의 공간과 자신만의 장소가 필
요하다. 즉, 수업을 받는 '교육의 장'(강의실, 실험실), 세미나 또는 토
론을 행하는 '연구의 장'(연구실), 휴식시간 및 자유시간을 위한 '생활

의 장'(라운지, 외부공간) 등의 공간이 필요하다. 특히, 학생들에게는 생활의 장이라는 공간이 추억에 남으므로 캠퍼스 계획에 있어서 중요한 요소가 된다.

비록 오사카종합보육대학의 부지는 매우 협소하지만, 학생과 교직원이 매력을 느낄 수 있는 요소가 여러 곳에 있다. 포켓 파크와 같은 가든 몰, 보이드된 로비와 라운지 등이 여유를 창출하고 건물을 매력 있게 만든다. 학내의 이러한 요소들은 밖을 향하여 메시지를 발신하고 지역사회와의 연계를 더욱 두텁게 한다.

건물의 5층에 위치한 커뮤니티 몰은 단순히 통과동선을 위한 복도가 아니라 가구 등을 배치하여 토론 등이 가능할 수 있도록 여유 있는 공간으로 계획하였다.

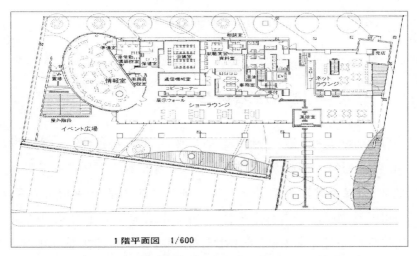

[그림 10-5] 오사카종합보육대학 1층 평면도

城南学園 キャンパス配置図 1/8000

[그림 10-6] 오사카종합보육대학 배치도

6. 큐슈대학 이토캠퍼스

큐슈대학(九州大学)은 '세대의 변화에 따라서 자율적으로 변화하며, 활력 넘치는 열려 있는 대학의 구축' '이와 같은 이념에 상응하는 연구·교육거점의 창조'를 컨셉트로 하코자키 지구, 록봉마치 지구, 하라마치 지구의 캠퍼스를 통합 및 이전하고, 후쿠오카 시 니시구 오카모토 ·쿠와바라 지구, 마에바루 시, 시마마을에 걸친 신캠퍼스(이토(伊都)캠퍼스)를 건설 중이다. 2005년 10월부터 이전을 시작하여 공학계가 활동을 하고 있다. 이토시마 반도의 풍부한 자연환경과 도시근교에 위치한 편리함과 산학관과의 연대를 통한 학술연구도시의 핵심으로서 신캠퍼스(이토캠퍼스)를 운영하고 있다.

큐슈대학은 시대의 흐름에 앞장설 수 있도록 대학원의 연구원제도를 비롯한, 대규모의 개혁을 실시해 왔다. 신캠퍼스의 계획은 새로운 대학상을 실현시키고자 구상되었다. 2001년 장기간에 걸친 캠퍼스 조성을 일관적으로 추진하기 위한 방향을 '큐슈대학 신캠퍼스·마스터플랜 2001'에 정리했다.

마스터플랜에는 '전통을 만들어 내는 상징적 공간과 유연한 변화·공존' '이토시마 지구의 유구한 역사와 자연과의 조화' '안심·안전하고 쾌적한 캠퍼스 환경의 정비'를 내걸고, 훌륭한 연구와 교육환경의 창출을 목표로 함과 동시에, 캠퍼스 전체에 대한 목표 설정과 공간의 구조 개념, 토지 이용, 교통, 인프라, 연구교육시설의 내부공간, 단계적인 정비 등에 관한 방향을 제시했다. 이 마스터플랜에 따라서 공학계와 센터 등의 블록플랜을 만들어 건축설계 및 공사를 진

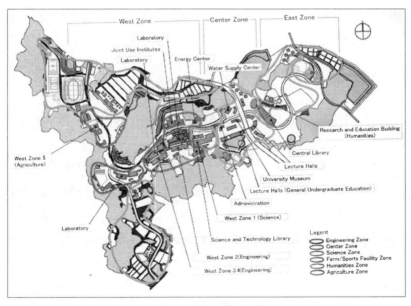

[그림 10-7] 큐슈대학 이토캠퍼스 배치도

행하고 있다. 또 새로운 '큐슈대학상'을 창출해 낼 수 있는 방법을 고
안했다. '퍼블릭 스페이스 디자인 매뉴얼'은 마스터플랜의 정신을 유
지하고 실현시키기 위해 캠퍼스 전체에 진행되고 있는 퍼블릭 스페
이스(공공공간) 및 그 구성요소(색채·사인·조경·조명 등)에 관한 범
용적인 디자인 방침을 정리하고 개성과 통일감이 있는 매력적인 캠
퍼스 만들기를 목표로 하고 있다.

이토캠퍼스는 시마마을에 걸쳐 동서 약 3㎞, 남북 약 2.5㎞의 총
275ha의 광대한 면적이다. 하카다만에서는 서쪽에 위치하고 이토시
마 반도의 거의 중앙부에 있으며, 후쿠오카의 중심인 텐진에서는 약
15㎞ 떨어진 곳에 있고, 공공교통으로 약 40분 거리에 있다. 대도시
의 근교라는 편리함과 현해탄을 바라볼 수 있는 풍부한 자연환경과
평온함을 느낄 수 있는 곳이다. 옛부터 이 지역에는 사람의 왕래가
잦았다는 것을 확인할 수 있는 유적도 많이 남아 있다. 이 지역의 유
동인구는 약 16,000명, 연면적 50만㎡의 시설을 계획하고 있다(큐슈
대학 신캠퍼스계획추진실, 2007).

7. 하코다테 미라이대학 본부동 · 연구동

공립 하코다테 미라이대학(がこだて未来大学, 정보계 캠퍼스)은 본부
동-PC조 지상 5층, 연구동-S조 지상 2층, 부지면적은 155,024m², 연
면적은 본부동-26,840m², 연구동-4,384m²의 규모로 2000년 봄에 개
교한 정보계 대학이다. 캠퍼스는 '복잡계학과(複雜系学科)'와 '정보학
과'로 구성되어 있으며, 정보공학과 관련된 여러 분야에 관한 교육·
연구를 행하고 있다. 2000년에 준공한 본부동 교사의 특색은 '스튜디
오' 공간을 가지고 있는 것이다. 스튜디오는 이 대학의 부지에서 보

이는 웅대한 경관을 최대한 살릴 수 있도록 계획한 커다란 공간을 의미한다. 스튜디오에서는 수업과 연구활동 등 여러 가지 활동이 동시다발적으로 이루어지고 있으며, 정보교환의 장소가 되기도 한다. 정보계 대학이므로 컴퓨터와 관련된 환경정비는 물론 연구자 간의 커뮤니케이션을 위한 환경도 잘 정비되어 있다. '정보 네트워크는 사람의 네트워크다.'라는 말은 이 대학의 캐치프레이즈이며, 스튜디오는 그 중심적인 공간이다.

스튜디오에 면하여 교수실, 강의실, 도서관 등이 유리 칸막이로 구분되어 배치되어 있다. 갤러리 공간인 몰을 사이로 유리벽으로 계획된 특별교실과 체육관이 스튜디오와 일체화되어 있다. 즉, 대학의 모든 공간을 간단히 인식할 수 있으며, 대학을 방문하는 손님이나 견학자에게 대학활동이 오픈되어 있다.

또한 본부동 교사는 지상 구조체의 90% 이상을 프레스트 콘크리트조로 건설한 것이 특징이다. PC조를 채용하여 한냉지에서 콘크리트 공사의 공기 단축 및 건물 전체의 구체 볼륨의 저감이라는 장점이 있을 뿐만 아니라, 롱 스팬(기둥과 기둥 사이가 12.6m)이 가능하게 되어 개방감 있는 스튜디오의 내부공간을 실현할 수 있었다.

2005년에 준공한 연구동은 교수실, 원생실 등과 같은 소공간이 좁고 긴 실험실에 면하여 배치되어 있다. 연구활동은 여러 분야의 교수 그룹인 '클러스터'에 의하여 행해진다. 이 그룹은 수년 단위로 재편생되므로, 실험실은 칸막이 등으로 여러 공간을 구획할 수 있도록 유연성 있는 공간으로 구성되어 있다. 또한 실험실에는 여러 분야의 교류를 위하여 '코어 스페이스'라는 편안하고 아늑한 회의를 위한 라운지가 설치되어 있다.

연구동은 '격자벽(格子壁)'이라 하는 가구(架構)에 의해 구성되어 있다. 격자벽은 철관을 트러스 형태로 조립한 프레임으로 삼각 유리 및 스틸 패널을 끼워 넣어 벽상(壁狀) 구조체가 되고 있다. 격자벽은 건물 전체를 지탱하는 동시에 각 공간을 구획하는 칸막이벽의 역할도 한다. 또한 연구에 필요한 실험기구 및 프레젠테이션 보드를 자유롭게 설치할 수 있는 등 가구와 같은 역할을 하고 있다.

이와 같이 공립 하코다테 미라이대학은 본부동, 연구동 모두 연구·교육활동과 공간 구성, 구조 형식이 밀접하게 관련된 건축이다.

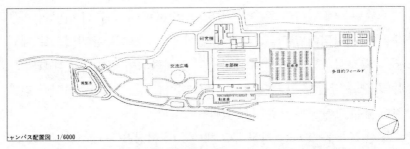

[그림 10-8] 하코다테 미라이대학 본부동·연구동 배치도

8. 오우비린대학 플래너트 후치노베캠퍼스

PFC(플래너트 후치노베캠퍼스(PLANET 淵野辺 캠퍼스, 인문계/위성 캠퍼스))는 '대학은 주체적인 학습을 위하여 필드를 넓히는 입구가 되어야 한다.'라는 오우비린대학(桜美林大学)의 이념을 실현하기 위하여 '만남과 발견의 창출'이라는 테마로 지하 1층 지상 5층, 부지면적 4,444m², 연면적 9,411m² 규모로 2003년 4월에 개교하였다.

PFC는 JR 요코하마선(JR横浜線)의 후치노베역(淵野辺駅)과 직결된 부지에 건설된 위성 캠퍼스다. 역전 동선과의 관련성을 중요시하였으며, 가로에 면하여 오픈 스페이스를 적극적으로 도입하였다. 건물의 4층 이상은 후퇴시켜 볼륨을 억제하여 기존의 마을이 가지고 있는 스케일에 어긋나지 않도록 계획하였다. 즉, 지역사회에 열려 있는 친근감 있는 캠퍼스로 계획되었다.

건물의 공간 구성은 우선 역전(驛前) 보행자용 데크 맞은편의 정면에 커다란 문을 설치하여 방문하는 사람들을 캠퍼스 내부로 자연스럽게 유도할 수 있도록 하였다. 또한 역 데크와 건물 2층의 아치형 다리를 통하여 직접 캠퍼스 내부로 진입할 수 있다.

캠퍼스 내부는 각종 교실뿐만 아니라 공연회와 표현예술을 위한 본격적인 공간과 설비가 갖추어진 홀이 설치되어 있어, 지역시설로서의 이용도 고려되어 있다.

역의 플랫폼에 면한 캠퍼스의 남쪽 면은 알루미늄 소재와 유리 스크린을 사용하여 여러 표정을 연출하였으며, 하늘을 향하여 상승하는 커다란 계단도 설치되어 있다. 이것은 캠퍼스의 활기 있는 풍경을 사람들에게 시각적으로 전달하는 역할과 철도소음과 태양광을 제어하도록 계획한 결과다.

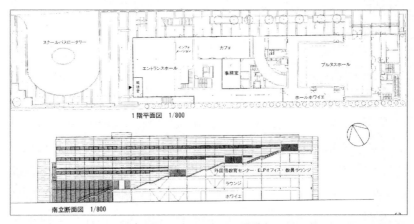

[그림 10-9] 오우비린대학 플래너트 후치노베캠퍼스 1층 평면도 및 단면도

실험극장으로서의 성격도 가지고 있는 홀은 철도로부터의 소음과 진동을 억제하기 위하여 떠 있는 구조를 채용하였다.

캠퍼스의 4층에는 무사시노(武藏野) 시의 자연을 이미지한 옥상정원을 설치하여 휴식의 장소로 제공되고 있다. 또한 커다란 계단에 면하여 벤치 및 라운지를 설치하는 등 캠퍼스 구석구석에 친근감 있는 장소가 설치되어 있다.

9. 브리티시 컬럼비아대학 인류학박물관

브리티시 컬럼비아대학의 인류학박물관은 1949년에 설립되었다. 현 인류학박물관 건물은 1976년에 건설되었으며, 캐나다 건축가인 Arthur Ericksoon에 의하여 설계되었다. 이 건물은 북서연안 원주민들의 기둥과 들보 구조를 반영하여 디자인되었다.

인류학박물관에는 세계 각지에서 수집된 고고학적 자료들과 민족학상의 물건들이 소장되어 있다. 이 박물관의 목적은 전시회, 공공 프로그램 및 교육을 통해 원주민들과 이곳에 전시된 다른 문화에 대한 이해를 촉진하는 것이다.

정문(A)은 네 명의 거장 조각가들의 작품으로 장식되어 있으며, 닫힌 문의 형태는 북서 연안의 굴곡을 연상시킨다. 환영회, 소규모 전시회나 행사 등에 사용되는 로비(B)에는 다섯 개의 하이다 막대 조각과 두 개의 콰콰카 와쿠(Kwakwaka wakw) 족의 인테리어 주택 기둥이 전시되어 있다. 변화무쌍한 자연광이 들어오도록 15m의 유리벽으로 만들어진 웅장한 전시 홀(E)은 전시뿐만 아니라 강의, 콘서트, 드라마, 댄스 등을 위한 장소로도 사용하고 있다. 또한 이 전시 홀의 창문을 통해 몇 개의 야외 기둥을 비롯한 두 개의 하이다(Haida) 족의 집을 볼 수 있다([그림 10-11] 참조).

[그림 10-10] 브리티시
컬럼비아대학의 인류학박물관

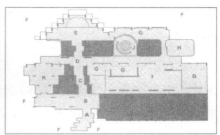

[그림 10-11] 인류학박물관 평면도

10. 스탠포드대학 임상과학연구센터

스탠포드대학은 이전부터 우수한 의료센터를 가지고 있는 것으로 유명하다. 새로 건설된 임상과학연구센터는 암 등 현재 진행 중인 연구 프로그램의 수행을 위하여 메디컬 스쿨에 최신의 실험실과 오피스를 제공하고 있다. 건물 디자인은 생물의학연구라는 학문 특색을 잘 살릴 수 있도록 배려하였다. 또한 융통성 있고 밝은 작업공간은 연구 팀의 증감에도 쉽게 대응할 수 있다.

계획 개요는 실험실, 코어·서포트·에어리어, 오피스를 접근하여 설치하는 것이었다. 또 하나의 중요 검토사항은 실험실과 오피스 공간의 자연채광문제였다. 이와 같은 요구사항을 기반으로 기능공간과 연구 그룹의 근접이 가능하도록 하는 모듈 디자인을 개발하였다.

$20,000m^2$의 건물은 중앙에 위치한 중정을 중심으로 2개의 날개로 구성되어 있다. 일사열 방지를 위한 루버가 건물 지붕 높이로 설치되어 2개의 날개를 연결하고 있다. 루버에 의하여 직사광선으로부터 보호된 중정은 사람들의 교류를 위한 기분 좋은 장소이기도 하다. 건물 주위의 대나무로 만들어진 스크린은 경직된 주변 공간을 부드럽

게 만들고, 오피스에서 일하는 사람들에게 프라이버시를 제공하고
있다.

환경 시스템은 전미에서도 제일 쾌적하다고 하는 파로 알토(Palo
Alto)의 기후를 활용하였다. 오피스는 연간 거의 자연환기를 채택하
고 있으며, 매우 더운 날만 기계환기를 적용시키고 있다. 또한 건물
벽에 설치된 수평 루버는 일사를 막아 주고 있다.

이 건물 주위에는 병원과 메디컬 스쿨 건물이 위치해 있으며, 이들
건물들은 3층 높이로 조화를 이루고 있다.

지진대책은 또 하나의 중요한 문제였다. 캠퍼스는 산 안드레스(San

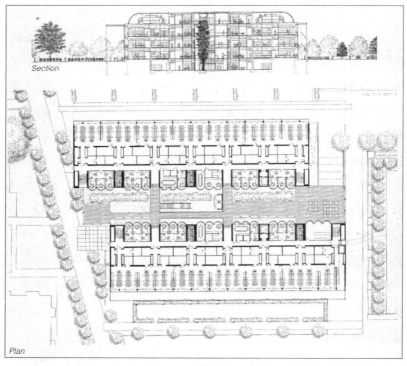

[그림 10-12] 스탠포드대학 임상과학연구센터 평면도 및 단면도

Andreas) 단층에 근접하여 있다. 실험실에는 고감도의 기자재가 설치되어 있으므로, 건물은 콘크리트의 내진벽 구조를 채택하였다. 또한 지진에 관한 과거 데이터를 이용하여 시뮬레이션을 실시하여 그 결과를 건축 디자인에 적극적으로 적용하였다.

11. 일리노이대학 크리스천 사이언스 빌딩

건물부지는 캠퍼스 남동쪽의 코너에 위치해 있으며, 주변에는 여러 가지 스타일의 대규모 건물들이 들어서 있다. 따라서 이 학생센터의 외관은 의도적으로 스케일감을 줄이고, 여러 가지 크기의 매스를 사용하여 건물 형태를 형성하였다.

건물 외형을 보면, 스카이라이트가 수직축으로 볼륨 있게 배치되어 있으며, 의도적으로 디자인된 여러 크기의 개구부를 가지고 있다. 건물은 전체적으로 콘크리트 표면 처리되어 있으며, 콘크리트 표면은 줄무늬 처리되어 있다.

내부공간은 건물용도에 따라 작은 실로 나누어져 있다. 각 실은 제각기 다른 프로포션 및 특징을 가지고 있다. 또한 자연광을 적극적으로 도입하는 수법을 사용하여 풍부한 변화를 연출하였다. 이러한 소공간들은 상호 독립되어 있지만, 기능적으로는 서로 강력하게 연결되어 있다. 건물 내부는 외부와 같이 콘크리트벽으로 처리되어 있으며, 바닥은 따뜻한 색채의 재료를 사용하였다. 또한 천장은 수평요소를 강조한 디자인을 채택하였다.

건물의 동쪽 면에 있는 입구와 천창을 가지고 있는 보이드 아래에 위치한 리셉션 공간을 중심으로, 북쪽으로는 공적 공간인 미팅 룸, 자습실이, 남쪽으로는 사적 공간인 라운지가 배치되어 있다.

이 건물의 주 공간인 미팅 롬과 자습실은 칸막이를 슬라이드식 파티션으로 하여 대규모 이벤트 개최도 가능한 유동성 있는 공간으로 계획되어 있다.

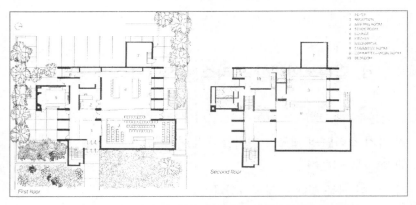

[그림 10-13] 일리노이대학 크리스천 사이언스 빌딩 평면도

12. 펜실베이니아대학 리서치의학연구소

이 연구소는 건축가 Lous I. Kahn이 지금까지의 작품에 사용했던 주공간(servant space)과 부공간(served space)에 의한 공간 구성을 보다 명쾌하고 체계적으로 실현한 건축물이라 할 수 있다.

건물은 크게 두 부분으로 나누어져 있다. 의학연구소는 중앙 코어와 주변 3동에 의한 클러스터를 형성하고 있으며, 생물학연구소가 이들 시설에 부속되는 형태를 취하고 있다. 의학연구소의 코어는 현장 노출 콘크리트에 의한 벽식 구조로, 이곳에 엘리베이터, 계단실 등의 설비 및 실험실, 실험용 운동을 위한 시설들이 설치되어 있다. 이러한 시설을 둘러싸는 형태로 8층 높이의 3개의 타워가 배치되어 있다. 각 타워에는 계단, 배기통 등의 각종 수직 방향 설비시설이 들어 있는 서브 타워가 설치되어 있다. 이 구조에 의하여 실험실 평면은 기둥이 없는 정방형이 가능했으며, 외주, 4변의 중앙에 구조체를 배치하여 코너 부분이 개방될 수 있게 하였다.

주종관계에 의하여 체계적으로 분절, 배치된 탑상형 요소와 실험실 볼륨이 만들어 내는 조화는 고전 건축에서 느껴지는 중량감과 현대 건축의 세련됨을 동시에 표현하고 있다.

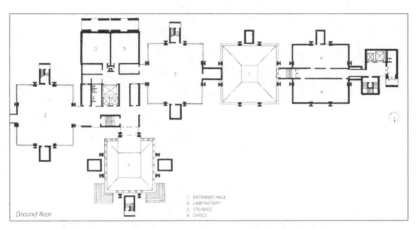

[그림 10-14] 펜실베이니아대학 리서치의학연구소 평면도

제11장
대학시설 발전에 주는 시사점

 국내외 대학의 사례에서 살펴본 바와 같이 사회와 교육 시스템의 급격한 변화에 대응하여 대학 캠퍼스의 역할 및 기능은 기존의 교육과 연구를 위한 교육환경에서 벗어나, 그 대상이 학생과 교수에서 일반인과 관·산·연까지 확대되고, 기능적으로도 평생교육과 관·산·학·연의 협력을 통해서 신기술이나 신제품을 개발하고 생산하는 거점공간으로서 그 사용자들을 위한 복지·문화·후생까지도 담당해야 한다. 대학 캠퍼스라는 공간에 작은 도시가 구축되어 대학도시화되는 경향을 볼 수 있다.

 이와 같은 대학을 둘러싼 교육환경의 변화를 대학 캠퍼스가 어느 정도까지 담당해야 하는가는 현장 실무자에게 어려운 문제다. 그렇다고 충분한 재원을 확보하고 있는 것도 아니고, 캠퍼스 부지가 제한되어 있어서 늘렸다 줄였다 할 수 있는 상황도 아니다. 이러한 문제에 대한 해결책은 대학당국의 정책적 결정에 달려 있다고 보는 것이 옳을지도 모른다.

 이런 모든 상황을 고려하여 대학 캠퍼스가 지향해야 할 몇 가지 방안을 모색해 볼 수 있다. 우선 대학이 장기발전계획을 수립하여 장기적인 비전을 제시할 수 있는 캠퍼스 마스터플랜을 마련하여 마스터플랜의 기본계획에 따라 원칙을 가지고 대학 캠퍼스를 조성하는 것이다. 이러한 원칙을 얼마나 유지하면서 발전시킬 수 있느냐에 따라 시대의 변화에 능동적으로 대처할 수 있는 교육환경을 조성할 수 있을 것이다.

또한 대학시설의 확충 방안에 대한 다각적인 검토가 요구된다. 최근 들어 SOC 민간투자 기법을 발전적으로 적용한 대학시설 확충 모델이 일부 대학에서 적용되고 있는 것을 볼 수 있다. 특히, 국립대학교의 경우 사립대학교와 달리 이러한 문제에 있어서는 소극적이다. 그러나 대학입학 자원이 감소하고, 대학 간 경쟁력이 심화되고 세계화되어 국가 간 경쟁도 치열해지는 상황에서 대학 스스로가 경쟁력을 확보하기 위해 능동적으로 대처하지 않는다면 도태되는 것은 시간문제다. 따라서 선진사례에서와 같이 주어진 조건을 최대한 활용하여 다양한 대학 캠퍼스 조성 방안을 고려해야 한다.

장기적인 비전을 갖는 대학 캠퍼스 마스터플랜의 수립과 대학시설의 확보는 다음과 같은 사항을 고려하여 조성해야 한다.

1. 대학시설의 목표지향점

- 성장과 융통성 있는 건축
- 교육연구시설로서의 역량 강화
- 학생생활의 서비스 기능 강화
- 사용자 중심의 친환경 캠퍼스 구축
- 지역사회 및 산업체와의 유기적 연계

2. 대학시설의 개념 설정

- 대학 캠퍼스 내 · 외부공간의 개방화
- 대학시설의 양적 팽창에 대응한 공간의 질적 향상
- 교육 시스템의 변화에 대응한 교육환경 변화(U-campus 구축, 디지털 강의실, 정보강의실 등)
- 대학생의 인식변화 및 생활 수준 향상에 따른 공간의 다양화, 고급화
- 대학발전의 지향성과 전략에 따른 공간의 변화
- 산업화, 정보화, 글로벌화에 맞는 시설의 패턴 변화
- 변화의 조건과 요구에 능동적으로 대처할 수 있는 장기 비전을 갖는 마스터플랜의 수립
- 지역주민, 산학협력을 위한 시설 개방과 공유로 수요자 요구를 충족하는 마스터플랜 수립

3. 대학시설의 추진 방향

- 새로운 개념의 캠퍼스 마스터플랜의 필요성 대두
- 다양한 대학문화생활이 가능한 융통성 있는 내 · 외부공간 계획
- 다양한 형태와 색채 및 재료를 사용한 특성화된 교육시설의 디자인계획
- 지역사회에 열린 캠퍼스의 개방화 프로그램 마련
- 교지의 입지특성을 고려한 적극적인 대지활용방안 연구
- 생태환경을 중시하는 친환경 캠퍼스 구축
- 언제 어느 곳에서나 교육이 가능한 환경 구축(U-campus)

- 사용자의 요구와 교육인증제에 대비한 세계 수준의 시설 확보
- 부족한 주차장 확보를 위한 지하주차장의 건립으로 캠퍼스 보행 전용공간 확보
- 지하 캠퍼스 개발(지하주차장, 선큰을 이용한 학생편의시설, 열람실 등 공간 확보)

제 4 부
대학시설 관리 실무

제12장

대학시설 관리의 개요

1. 시설관리란

일반적으로 대학의 시설관리(facilities management)는 모든 시설이 당초의 설치 목적대로 가동되고 운용되도록 하며, 시설물의 완공 후 사용하는 과정에서 시간의 경과에 따라 마모되거나 설치 당시의 성능이 저하되는 현상이 발생하는 과정에서 대학시설의 모든 역할과 기능이 본래의 성능을 발휘하고 유지되도록 하는 것을 말한다.

대학의 시설업무는 양적 확충이 절실한 시기에는 설계 및 시공을 위한 건설관리(construction management) 영역과 관재업무 성격의 재산관리(property management) 영역에 치중하였으나, 최근에는 시설의 가동·운용 및 유지관리 등 단순한 물적자원관리의 차원을 넘어서 대학의 인적자원과 통합적으로 관리되어 효율적 대학경영을 지원하는 자산관리(asset management) 영역으로 확대되는 추세를 보이고 있다.

2. 대학시설 관리의 목표

1) 대학의 본질적 기능 지원

대학시설은 기본적으로 대학에 설치된 학과별, 전공별, 과정별 다양한 교육과정 및 프로그램 운영에 지장이 없어야 하며 강의, 세미나, 실험실습 등 대학에서 일반적으로 행해지는 모든 형태의 교수-학습활동이 효율적으로 진행될 수 있도록 관리되어야 한다. 또한 교수와 대학원생, 연구원 등 대학 내 모든 연구자의 연구활동을 지원할 수 있어야 하며, 교육 및 연구성과뿐만 아니라 대학의 모든 시설자원은 항상 지역사회에 개방되어 사회적 인프라로 사용될 수 있도록 관리되어야 한다.

2) 대학의 경쟁력 강화 지원

최근의 로스쿨 선정을 위한 평가, 언론사에 의한 주기적인 대학평가, 대교협의 학문 분야별 대학평가 등 정책목표 또는 수요자의 알권리 확보 차원의 각종 대학평가가 행해지는데, 이러한 대학의 경쟁력을 평가하는 중요한 요소로서 학생 1인당 시설보유면적, 실험실습기자재 등 시설·설비 보유율과 더불어 대학시설의 관리 과정 또한 중요한 평가요소로 적용된다.

이러한 평가요소 중 시설·설비 보유율을 높이기 위해서는 막대한 재정투자가 필요하지만, 이미 확보된 시설·설비의 경제적 운용 및 균형적 배분과 효율적 관리를 통한 자산가치의 극대화는 적은 비용으로 대학의 경쟁력을 강화시키는 좋은 수단이 될 수 있다. 이는 대학종합평가인정제의 시설 영역 평가지표에서도 잘 나타나고 있다(〈표 12-1〉 참조).

∥ 표 12-1 ∥ 시설운영지표에 따른 평가 내용

운영지표	개념	평가 내용
시설관리 조직 및 업무의 효율성	조직의 구성인원 (행정/기술 분야, 건물/기자재)	• 시설의 관리 및 활용 실태 • 실험실습기자재 관리의 적절성 및 활용 • 연구관리부서 및 지원조직의 인력 구성, 업무분장, 연구 관련 자료관리 등 • 연구관리부서/지원조직에 대한 교수만족도
시설의 이용률	• 수요예측 및 관리의 기초 자료 • 시설규모 및 수량의 근거 자료 • 특정 기간 이용률 산정 자동화	• 강의실, 실험실습실, 복지시설, 체육시설, 각종 기자재 현황 • 기타 교육지원시설의 적정성 • 학생 1인당 최근 3년간 연평균 실험실습기자재 구입비 또는 학생 1인당 확보된 실험실습기자재 환산금액 평가에 대하여 시설 이용에 따른 수요관리 개념 적용
시설 관련 정보에 대한 접근성	• 대학 정보화의 맥락에서 접근 • 시설사용 예약을 위한 기초자료의 공개 • 유지관리 데이터의 전산화 및 공유체계 • 시설자산 정보 등에 대한 공개범위	• 학습효과 증대를 위한 강의실 여건과 활용(강의실 배정 및 사용 예약을 위한 기본 정보 제공) • 기자재 활용을 위한 성능 및 예약 상황 등 제공되는 자료의 범위
시설관리 시스템의 기능과 성능	• 시설관리 시스템의 다양한 기능 • 종합정보관리 시스템의 연동을 비롯한 구체적 성능	• 시설관리 실태 평가에서 평가 데이터의 신뢰성과 신속성 확보 • 시설 관련 정보의 적정범위 내 종합정보 시스템을 통한 실시간 공유 및 적절한 수준의 보안 유지

출처: 김치환 외(2006). 대학캠퍼스 시설수요관리를 위한 FMS 활용에 관한 연구. 대한건축학회논문집, 22권 3호.

대학시설관리의 경제성은 시설·설비의 기획, 설계, 시공, 유지관리 및 폐기처리 등 시설의 탄생부터 소멸까지 전 단계에 대한 생애주기비용(life cycle cost)을 기반으로 한 비용·편익관점에서 판단되어야 한다. 시설·설비의 보수 및 교체 시 단순히 초기투자비용만 고려하지 말고 설계, 공법 선택, 유지보수 및 운전비용을 종합적으로 고려하여 전체적인 비용관점에서 경제성을 판단하고, 대학 내 많은 학과, 전공 및 단과대학 등 사용자 또는 사용기관의 요구보다 성과에 대한 비중을 높게 보아 적은 비용으로 많은 편익을 얻을 수 있는 관리계획이 필요하다.

3) 대학 마스터플랜의 지속성 확보

대학의 마스터플랜은 대학의 규모, 전공 분야, 특성화 분야, 중점 발전 방향 등 대학이 중장기적으로 가고자 하는 학문적 방향을 담고 있는 학사계획(academic plan)과 이러한 계획을 물리적으로 뒷받침하기 위해 대학시설의 단계별 조성과 운영 및 관리를 위한 시설계획(physical plan)으로 나누어진다.

대학에서 마스터플랜은 아주 중요하다. 여러 구성원의 합의를 거쳐 만들어지는 마스터플랜은 정책의 변화, 주변 여건의 변화 등의 요인에 따라 수정될 수 있으나, 일관성과 지속성이 유지되어야 한다.

대학시설관리는 신축, 증축 등 시설 조성과 함께 학사계획과 시설계획에서 제시된 방향과 구체적인 목표를 달성하는 수단의 일부이므로 대학시설관리 과정에서 이루어지는 모든 결정은 마스터플랜에 부합되어야 한다.

제13장
대학시설 관리의 주안점

1. 용도별 시설관리의 주안점 [1]

1) 교육기본시설

강의실, 실험실습실, 교수연구실 등 대학기본시설은 일반적으로 대학의 기본적인 교육과정 운영을 위한 필수시설로서 필요한 교구 및 가구를 완비하고 냉·난방 공급 등 교수–학습활동에 지장이 없어야 한다.

한정된 재원으로 인해 학생 1인당 건축면적이 부족한 대학의 현실에서는 교육기본시설의 활용률을 높일 수 있도록 관리되어야 한다. 대학시설의 활용률은 일·월·학기·연단위의 시간적 이용률과 면적·수용인원단위에 의한 공간적 점유율을 통합한 개념으로, 한정된 시설자산의 효율적 이용에 대한 중요한 척도가 된다.

대학시설의 활용률을 높이기 위해서는 대학 전체적인 관점에서의

---

1) 「대학설립·운영규정」(대통령령) [별표 2] 교사시설의 구분에 의함.

고려가 필요하나 일반적으로는 학과, 전공, 단과대학별 소유 및 할당 의식이 팽배해 있어 활용률에 대한 개념이 적다. 특히, 교육기본시설 중 학과, 전공, 단과대학별로 배정되는 강의실, 실험실습실은 관리기관의 배타적 소유 개념이 강하게 작용하여 활용률이 낮은 경우가 대부분이다. 이러한 실에 대한 소유 개념을 우선 사용권의 개념으로 전환시키고 실시간 사용 현황 등의 데이터를 공유시키는 대학본부 차원의 중앙집중식 종합관리 시스템과 개인, 학과, 단과대학의 공간 사용을 예산배정과 연계하고 기준면적 이상의 공간 사용 시 비용을 부과하는 공간비용체산제 등의 제도적 장치를 통해 공간의 활용률을 높일 수 있는 전략이 필요하다.

2) 지원시설

대학지원시설의 관리는 시설 활용률과 더불어 비용편익 및 운영비 조달에 대한 관점이 필요하다. 체육관, 강당, 전자계산소, 실습공장, 학생 기숙사 등의 지원시설은 대학의 필수시설이지만 사용자가 제한적이므로 시설의 가동 및 운영비용에 대한 수익자부담원칙을 적용할 필요가 있다.

체육관 및 강당의 경우에는 일부 시간대별 특정 그룹 또는 외부 사용자에게 사용료 징수 등을 통하여 시설의 운영비 부담을 절감하고, 특히 기숙사의 경우에는 대학의 필수시설이므로 건설비는 대학에서 부담하는 것이 타당하나, 기숙사의 운영비는 입주자가 부담하도록 하는 것이 원칙이다.

3) 연구시설

연구용 실험실, 대학원 연구실 및 대학부설 연구소 등 대학의 연구시설은 교수의 전공 분야, 학과, 전공과정, 단과대학 등 구성원 또는 부속기관에 따라 다양하다. 이러한 연구시설은 대학시설 전체적인 관점에서의 획일적인 관리 · 운영을 지양하고 설치 목적, 운영비 재원, 수익성 여부 등에 따라 개별 연구시설별 독립채산제 등 맞춤형 운영관리가 필요하다.

4) 부속시설

대학부속시설은 박물관, 교직원 아파트, 산학협력단 및 대학기업시설 등 대학 전체적인 필요에 의한 시설과 의과대학 부속병원, 수의과대학 동물병원, 공과대학 공장, 농과대학 농장, 약학대학 약초원 등 계열별 · 단과대학별 필요시설로 구분할 수 있는데, 각 시설별 특성을 고려한 고도의 전문성을 반영한 관리 · 운영이 필요하다.

2. 영역별 시설관리의 주안점

1) 재난관리

대학에서의 재해는 태풍, 호우, 폭설, 지진 등의 자연재해와 화재, 폭발, 테러 등의 인재 및 학내 에너지, 통신, 수도 등 인프라의 마비와 전염병 확산 등과 같은 복합재해로 구분되며, 재난관리는 이러한 재해의 예방, 대비, 대응 및 복구 등 각 단계별 활동을 의미한다.

일반적으로 자연재해는 반복적인 경험과 축적된 자료 및 관련 규정에 따라 예측 가능하고 충분한 대비책을 세워 두고 있으나 방사성 동위원소 사용, 대형 폭발사고 위험 등 대학 내 다양하고 대형화되는 연구시설의 관리체계 미흡으로 인한 대형 사고와 9 · 11테러, 독극물

살포, 전산망 마비 같은 정치적인 목적 달성을 위한 인위적인 사고 또는 정신질환자에 의한 우발적 사고의 발생 가능성이 점점 높아지고 있는데, 아직 이에 대한 준비는 미흡한 수준이다.

대학의 재난관리는 재난 및 안전관리기본법 등 관련 규정과 행정안전부 및 교육과학기술부의 국가재난관리계획에 의해 수립되어야 한다. 그러나 일정한 부지 및 건물에서 많은 인원이 동시에 사용하고, 특히 학생, 교수, 일반인 등 사용자의 속성이 균질하지 않으며, 학생의 경우에는 아직 성장 단계에 있어 재난 상황 발생 시 예측 가능한 행태를 보여 주지 못하는 특성과 시설의 용도 및 종류가 다양한 특성 및 대학의 입지조건 등을 종합적으로 고려한 대학별 재난관리계획의 수립이 필요하다.

2) 안전관리

대학시설의 안전관리는 안전 위해요인별로 시설물, 전기, 소방 및 가스시설로 나눌 수 있으나, 단일요인에 의한 사고 발생보다는 복합요인에 의한 안전사고가 많이 발생하는 연구 및 실험실습시설에 대하여 특별한 주의가 요망된다(〈표 13-1〉 참조).

┃표 13-1┃ 대학 연구 및 실험실습실 사고 사례

연도	장소	유형	원인
1996	○○대학교 자연과학대학	유독가스 누출사고	환기설비 미설치, 환기부족
1999	○○대학교 원자핵공학과	연구실험실 폭발사고	알루미늄 분말을 이용한 폭발반응 실험 과정에서 발생
1999	○○대학교 화학과	실험실 가스누출사고	유기합성실험 중 유기용기를 떨어뜨려 포스겐가스 누출

1999	○○과학기술원 기계공학과	실험실 폭발사고	섬유강화플라스틱 제조기 폭발
2000	○○대학교 무기화학실험실	실험실 폭발사고	시약의 화학반응
2000	○○대학교 환경공학실험실	화재사고	실험실 소형모터 과열
2003	○○과학기술원 풍동실험실	실험실 폭발사고	과산화수소 촉매반응실험 진행 과정에서 발생
2005	○○대학교 식품과학실험실	실험실 폭발사고	에테르 화학물질실험 중 폭발
2006	○○대학교 반도체공동연구소	폐액용기 폭발사고	무기계 폐액으로 표시된 용기에 산 폐액을 넣어 용기 폭발
2006	○○대학교 신소재공학관	실험실 염산용기 파손사고	염산과 물을 과다반응시켜 염산이 든 유리병이 깨지고 가스 유출
2006	○○과학기술원 환경연구동	실험실 화재	실험실 배전시설 노후로 화재 발생
2007	○○대학교 고분자 생체재료연구실	에테르 폭발사고	에테르가 바닥에 튀면서 폭발
2007	○○대학교 생명과학부	화학물질 폭발사고	폐용액을 분류·폐기하는 과정에서 서로 반응하기 쉬운 물질을 한 용기에 담아 배출
2007	○○대학교 미세공학연구실	연구실 화재	
2007	○○과학기술원	하수처리실험실 화재	누전에 의한 화재

출처: 이영순(2007). 대학실험실 안전모델 개발연구. 교과부 정책연구보고서.

(1) 시설물 안전관리

대학시설의 관리자는 다중 이용시설로서 지반 상태, 기둥, 보, 슬라브 등 주요 구조체의 균열 여부 등 시설물의 구조적인 안전에 영향

을 주는 요인에 대해 직접 또는 대행기관을 통하여 6개월에 1회 이상
의 정기점검, 2년에 1회 이상의 정밀점검 및 장마, 호우, 주변 지반의
변화 등 시설물의 안전에 영향을 주는 요인 발생 시의 긴급점검을 하
고 보수, 보강 및 철거 등 필요한 조치를 하여 항상 안전한 상태를 유
지하여야 한다. 점검 결과, 안전에 문제가 있는 시설물과 대학시설
중 연면적 5,000m² 이상의 문화, 집회, 판매, 종교시설과 대학병원과
같이 시설물의 안전관리에 관한 규정에 의한 2종 시설물[2]로 분류되
는 시설물은 재난 및 안전관리기본법 관련 규정에 의한 특정관리대
상 시설이다.

시설물의 안전점검은 사용자 또는 대학 내 관련 업무 담당자가 체
크리스트(〈표 13-2〉 참조)를 준비하여 육안 또는 간단한 장비를 활용
하는 일상적인 점검 과정을 통한 안전관리가 가능하지만, 지반의 변
화로 인한 부동침하, 주요 구조부의 지속적인 균열 발생 등의 현상이
나타나는 경우에는 전문적 장비와 전문가를 보유한 안전진단 전문업
체 또는 시설안전관리공단에 정밀안전진단을 의뢰하여야 한다.

▌표 13-2 ▌ 시설물 안전점검 체크리스트

점검 사항	점검 결과	
	Ok	No
건물 주변 지반 침하 여부를 확인한다.		
외벽 치장벽돌의 균열 여부를 확인한다.		
치장벽돌이 하얗게 변하였는지 확인한다(백화현상).		
드라이빗(외단열재) 모서리, 바닥부분 파손 및 들뜬 부위를 확인한다.		
증축된 건물 접합부의 균열 여부를 확인한다.		
옥상 슬라브 및 파라펫의 균열 여부를 확인한다.		

---

2) 시설물의 안전관리에 관한 특별법 시행령[별표 11].

난간 등의 흔들림 및 파손 여부를 확인한다.		
건물과 건물이 연결된 옥상 조인트 부분의 누수 여부를 확인한다.		
패널 지붕 처마 홈통 부분의 누수 여부를 확인한다.		
교실 기둥의 균열 여부를 확인한다.		
창문이 열리는 것이 원활하지 않은 곳을 확인한다.		
천장재가 부풀어 오르거나 탈락된 곳을 확인한다.		
계단 핸드레일이 탈락된 곳을 확인한다.		
창문, 문틀에 틈새가 있는 곳을 확인한다.		
플로어링 바닥이 부풀어오른 곳을 확인한다.		
철골구조물의 도장 상태와 부식 정도를 확인한다.		
연결통로 지붕의 코킹 및 연결철물 부식 정도를 확인한다.		
공사가 진행 중인 곳은 안전관리 상태를 점검한다.		

출처: 교육시설재난공제회(2007). 교육시설 재난관리행동 매뉴얼.

　　정밀안전진단을 실시한 경우에는 상태평가 및 안전성평가를 실시한 결과를 종합하여 시설물별 세부지침의 종합등급 결정 방법에 따라 〈표 13-3〉과 같은 시설물의 종합평가등급을 결정[3]하고 필요한 조치를 취하여야 하는데, E등급의 경우에는 즉각 사용을 중지하고, 건물을 폐쇄하고, 안전 펜스 및 출입금지 표지판을 설치하여 일반인이 출입할 수 없도록 한다.

▌표 13-3 ▌ 안전진단 결과 등급별 시설물의 상태 및 안전성

등급	시설물의 상태 및 안전성
A	문제점이 없는 최상의 상태
B	보조부재에 경미한 결함이 발생하였으나 기능 발휘에는 지장이 없으며 내구성 증진을 위하여 일부의 보수가 필요한 상태

---

3) 시설물의 안전점검 및 정밀안전지침(2006. 5. 17, 국토해양부 고시 제 2006-148호).

C	주요 부재에 경미한 결함 또는 보조부재에 광범위한 결함이 발생하였으나 전체적인 시설물의 안전에는 지장이 없으며, 주요 부재에 내구성, 기능성 저하 방지를 위한 보수가 필요하거나 보조부재에 간단한 보강이 필요한 상태
D	주요 부재에 결함이 발생하여 긴급한 보수·보강이 필요하며 사용제한 여부를 결정하여야 하는 상태
E	주요 부재에 발생한 심각한 결함으로 인하여 시설물의 안전에 위험이 있어 즉각 사용을 금지하고 보강 또는 개축을 하여야 하는 상태

출처: 시설물의 안전점검 및 정밀안전지침(2006. 5. 17). 국토해양부 고시 제2006-148호.

(2) 전기안전관리

대학시설의 전기는 전기사업법 관련 규정에 따라 자가용 전기설비로 분류되고, 계약용량이 1,000kw 이상인 경우에는 전기안전 관리자를 선임[4]하여야 한다. 전기안전 관리자는 전기설비에 대한 일상적 전기안전순찰과 이상시설에 대한 점검 및 개·보수 등 필요한 조치를 취하여야 한다.

대학은 다양한 연구 및 실험실습시설이 있고 이들 대부분의 경우 전기 사용량이 크고 항온·항습 등 항시적인 전원 공급이 필수적이므로 정전이 예상되는 경우 대학에서 보유하고 있는 비상발전기 또는 외부 발전장비 임대 등의 방법으로 단전 없이 전기를 공급하여야 하고, 불가피한 단전의 경우 사용자에게 충분한 예고 과정을 거쳐 단전으로 인한 피해를 최소화하고 통전 시 사용자 부주의로 인한 불의의 사고를 예방해야 한다.

4) 전기사업법 제73조.

┃ 표 13-4 ┃ 전기 안전점검 체크리스트

구분	점검 사항	점검 결과	
		Ok	No
강의실 및 관리실	퇴실한 장소의 전기제품 전원이 차단되었는지 확인한다.		
	전기제품 위에 물병, 화분 등이 올려져 있는지 확인한다.		
	난방기는 가연물질과 멀리 떨어져 있는지 확인한다.		
	전원 플러그가 콘센트에 완전히 접속되었는지 확인한다.		
	전기 라디에이터, 에어컨 등 전력소모량이 많은 전기제품의 전원코드를 한 개의 콘센트에 문어발식으로 접속하였는지 확인한다.		
복도	냉·온수기, 음료 자판기 외관 및 설치 상태를 확인한다.		
	유도등이 파손되거나 탈락되었는지 확인한다.		
	분전함이 잠겨 있는지 확인한다.		
	콘센트가 파손되거나 물기가 침입하였는지 확인한다.		
	노출 설치된 케이블, 전선배관이 파손되었는지 확인한다.		
화장실	환풍기가 파손되었거나 먼지가 심하게 쌓였는지 확인한다.		
	환풍기 회전을 방해하는 장애물이 있는지 확인한다.		
	콘센트는 방수형으로 설치되었는지 확인한다.		
	심야 축열기 등 난방기에 물기가 침입하였는지 확인한다.		
	화장실용 누전차단기가 자동 차단되었는지 확인한다.		
식당	배기후드, 환풍기는 정상 작동하는지 확인한다.		
	식기세척기 등 급식전기제품 외관 및 설치 상태를 확인한다.		
	분전반으로 물기가 침입하지 못하도록 외함을 항시 닫는다.		
	콘센트는 방수형으로 설치되었는지 확인한다.		
	화장실용 누전차단기가 자동 차단되었는지 확인한다.		
강당 및 체육관	냉·난방기 외관의 설치 상태는 정상인지 확인한다.		
	방송장비 미사용 시 주 전원을 차단한다.		
	최종 퇴관 시 분전반 차단기를 차단한다.		
	난방기 연료급유 시 전원을 차단한다.		
	조명기구, 안정기의 정상 부착 여부를 확인한다.		
전기실 및 기계실	일반인이 출입하지 못하도록 출입문을 잠근다.		
	누전경보기 누전검출 표시등이 점등되었는지 확인한다.		
	비상발전기가 상시 작동 가능한지 확인한다.		
	집수정 배수펌프의 작동 상태를 확인한다.		

출처: 교육시설재난공제회(2007). 교육시설 재난관리행동 매뉴얼.

(3) 소방안전관리

화재 초기의 진화와 대형 화재로의 확산을 방지하고 인명과 재산 피해를 최소화할 수 있도록 화재의 제어 및 진압, 화재의 감지, 전파 및 피난을 위한 소방설비의 관리는 매우 중요하다. 대학은 소방시설 설치·유지 및 안전관리에 관한 법률 관련 규정에 의거, 특정소방시설로 분류되어 방화관리자를 선임하여야 한다.

대학시설의 화재발생 원인은 주로 시설의 노후도에 따라 낙후된 전기설비, 담뱃불, 실화, 취약한 난방설비 등의 순서로 나타나고 있으나, 시설의 규모가 크고 불특정 다수인이 사용하는 건물의 특성상 원인불명의 경우도 비중이 크게 나타났다. 또한 화재발생 장소를 보면 대학 내 화재 위험요소가 많은 실험실습실과 학생 전용공간으로 사용되어 관리가 취약한 학생회실이 높은 비중을 차지하는 것으로 나타났다.[5]

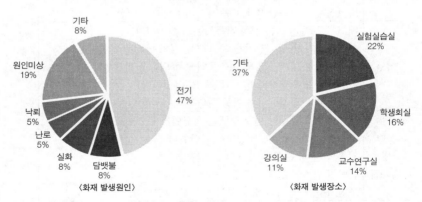

[그림 13-1] 대학시설 화재발생 원인 및 장소(2004~2006)

출처: 교육시설재난공제회(2007). 대학방화안전관리실무.

---

5) 교육시설재난공제회(2007), 대학방화안전관리실무.

▌표 13-5 ▌ 소방 안전점검 체크리스트

점검 사항	점검 결과	
	Ok	No
소화기는 강의실에는 1개 이상, 복도에는 20m 이내에 1개 이상 비치 되어 있어야 하고 게이지가 녹색범위에 있는지 확인한다.		
식당에는 자동확산소화기가 설치되었는지 확인한다.		
소화전함 호스의 노후 여부를 확인한다.		
소화전함 내 호스가 2개 이상 비치되었는지 확인한다.		
화재발신기는 바닥으로부터 0.8~1.5m 사이에 눈에 잘 띄는 곳에 설치 되었는지 확인한다.		
소화펌프 운전스위치가 정상 상태인지 확인한다.		
정전 시 비상발전기의 자동동작 상태가 정상인지 확인한다(비상발전 기가 설치된 경우에 한함).		
화재수신반 스위치(주경종, 지구경종 동작)의 정상 상태를 확인한다.		
화재수신반이 있는 곳이 항시 사람이 상주하는 곳인지 확인한다.		
각층 경보설비 동작 상태 및 소화전 표시등 점등 상태를 확인한다.		
각 실에 설치된 화재감지기의 노후 및 파손 여부를 확인한다.		
피난계단 출입문의 개방 상태 및 피난로 확보 여부를 확인한다.		
피난경로 유도 및 피난구 유도등의 점등 상태를 확인한다.		
교실마다 또는 층마다 대피경로에 대한 안내문이 있는지 확인한다.		
비상 시 대피훈련을 월 1회 이상 실시하고 있는지 확인한다.		
전열기, 가스렌지 등과 가연물은 이격되어 있는지 확인한다.		

출처: 교육시설재난공제회(2007). 대학방화안전관리실무.

(4) 가스안전관리

대학에서의 가스 사용은 우선 냉·난방설비의 가동을 위한 보일러 또는 냉·온수기 및 주방에서 사용하는 도시가스가 있다. 이러한 도시가스는 각종 안전장치가 구비된 중앙공급식으로 배분되므로 비교적 안전하게 관리될 수 있지만 학내 정압시설이 있는 경우에는 전문

‖ 표 13-6 ‖ 가스 안전점검 체크리스트

점검 사항	점검 결과	
	Ok	No
LPG 용기는 통풍이 잘되는 실외에 보관한다.		
LPG 용기는 차양, 전도방지, 부식방지 조치를 한다.		
가스계량기는 변형이나 가스가 새는 곳이 없어야 한다.		
가스계량기 주위에 화기가 없어야 한다.		
배관이나 호스는 고정 상태 등 손상된 곳이 없어야 한다.		
가스배관 및 기구의 연결부위는 비눗물로 가스 누설 여부를 점검한다.		
사용하지 않는 배관의 마감조치는 가스 관련 업체에서 실시한다.		
중간밸브는 견고하게 고정되고 작동이 잘되어야 한다.		
연소기구는 자주 청소하여 불구멍에 이물질이 끼지 않게 한다.		
보일러 배기통은 막히지 않고 배기가스가 잘 배출되어야 한다.		
보일러실 급기구나 환기구는 막히지 않아야 한다.		
가스누출경보 차단장치 등의 전원은 항상 공급되어야 한다.		
저장설비실 또는 가스설비실 환기 및 관리 상태를 확인한다.		
기화장치의 작동 상태 및 검사, 분해점검을 받아야 한다.		
외부 이용자의 휴대용 가스시설 사용을 금지한다.		

출처: 교육시설재난공제회(2007). 교육시설 재난관리행동 매뉴얼.

가에 의한 특별관리가 필요하다.

이러한 도시가스와 달리 대학 내 각종 연구 및 실험실습실에서 사용되는 고압가스에 대한 특별한 관리가 필요하다. 생명과학 분야에는 CO_2 가스가 가장 많이 사용되고 화학계열에서 다양한 종류의 가연성 및 독성 가스가 사용되는데, 대부분의 경우 가스용기 보관실이 별도로 격리되어 있지 않고 가연성 가스와 같이 보관 및 사용되는 경우도 있어 화재나 폭발 시 위험성을 증가시키는 요인이 될 수 있다.

이처럼 가스의 보관, 유통 및 사용 과정은 매우 취약하고 위험성이 상존하고 있어 특별한 관리체계를 갖추고 상시적 또는 정기적인 사고예방을 위한 사용자교육, 일상적 사용 실태 점검 및 관리가 반드시 필요하다(〈표 13-6〉 참조).

(5) 위험물 · 폐기물 안전관리

인화성 또는 발화성 위험물 · 폐기물은 위험물안전관리법 관련 규정에서는 1~6류로 분류되며, 산업안전관리법 관련 규정에서는 폭발성 물질, 가연성 가스, 산화성 물질, 발화성 물질, 인화성 물질, 부식성 물질, 독성 물질 등으로 분류하고 있는데, 화학적 · 물리적 성질에 따른 대표적 성질, 품명과 지정수량을 명시하여 위험물의 안전한 관리와 사고 시 신속한 대처가 가능하도록 하고 있다.

대학에는 다양한 전공 분야가 있고 자연계열 또는 공학계열 중 물리 · 화학 분야의 연구 및 실험실습실에는 인화성, 가연성 및 독성물질 등의 위험물 · 폐기물을 보관하게 된다. 이들 위험물 · 폐기물은 안전용기에 담아 격리된 안전장소에 보관되어야 하나, 특히 사용빈도가 높지 않고 소량으로 사용되는 경우 소홀하게 다뤄지는 경우가 많아 특별한 관리체계가 필요하다.

3) 캠퍼스 환경관리

대학의 규모에 따라 다르지만 대부분의 종합대학은 100만m^2 규모의 부지면적이 필요한데, 이 정도 규모의 부지는 도심지에서 확보하기가 곤란하므로 최근의 택지개발지역 내 대학 캠퍼스 유치사례를 제외한 대부분의 경우 임야, 녹지, 전답 등 미개발지를 개발하는 경우가 일반적이다.

　최근 지속 가능성, 친환경성 및 생태적 개발이 사회적 추세이고 대학 캠퍼스 조성도 예외일 수 없다. 부지 내 자연조건을 최대한 보존하고 인위적인 개발을 최소화하여 개발 이후에도 기존의 생태계가 살아 있도록 하는 것을 최우선적 가치로 추구하는 접근 방법이 필요하다.

　또한 캠퍼스 조성 과정에서 훼손된 자연환경도 중장기적 관점에서 지속적인 노력에 의해 원상태로 복원하는 것이 필요하다. 부산의 금

‖ 표 13-7 ‖ 부산대학교 미리내골 복원사업

사업비	7억 2천 200만 원
사업기간	2004~2008년
사업내용	• 생물 서식공간 조성을 통한 자연 · 생태계곡 복원 • 콘크리트 제거 및 하상정비, 생태연못 조성을 통한 계곡 유지용수 확보 • 지구별 생태지도 구축 및 생태계 보전구역 설정 • 목교, 목재 데크, 전망대 등 탐방시설 정비
기대효과	• 미리내골 복원 · 보전, 비오톱 조성 및 금정산 생태축 연결 • 대학 내 생태계보전구역 설정 및 자연대, 약대 교재원 확보 • 대학 캠퍼스 명소 마련, 정체성 확보

출처: 부산대학교(2006). 미리내계곡 환경친화적 복원사업 집행계획.

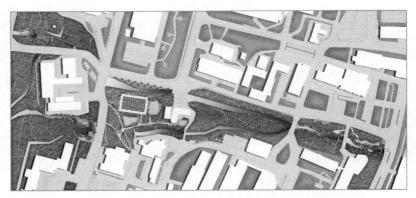

[그림 13-2] 부산대학교 미리내골 복원계획도

정산 자락에 자리잡은 부산대학교 장전동캠퍼스의 경우 조성 당시 캠퍼스 부지를 남북으로 관통하고 있는 골짜기(미리내골)의 바닥을 콘크리트로 포장하고 저수지를 메워 주차장으로 활용하였으나, 조성된 지 50년 이상 경과된 시기에 시작한 미리내골 복원사업은 친환경 캠퍼스 관리의 좋은 사례다(〈표 13-7〉, [그림 13-2] 참조).

4) 보건 · 위생관리

대학시설은 다중이용시설이고 아직 청소년기의 학생이 생활하는 공간이므로 건강을 해치는 위해요인을 제거하기 위한 보건위생관리에 대한 각별한 주의가 필요하다. 특히, 좁은 공간에 많은 사람이 모이게 되는 대형 강의실과 각종 연구 및 실험실습 과정에서 발생하는 유해가스에 대한 충분한 환기가 필요하다.

부지가 넓고 많은 건물이 산재해 있는 대학 캠퍼스의 특성상 대부분의 경우 1단계로 고가수조와 같은 대형 물탱크에 외부로부터의 상수도 인입이 이루어지고, 2단계로 단위건물의 옥상 물탱크에 대한 공급이 이루어진 후, 각 수전을 통하여 사용자에게 전달된다. 이 과정에서 모든 물탱크에 대한 적절한 소독 및 청소와 물이 전달되는 각종 배관류에서 녹물, 이물질 등 유해성분이 배제되도록 유지관리되어야 한다.

5) 시설 · 설비관리

대학 내 건물, 옹벽, 축대 등의 구조물이 항상 제기능을 발휘할 수 있도록 관리되어야 한다. 특히, 강의실, 세미나실 등에는 실의 용도에 맞는 책걸상 등의 가구와 화이트보드, 빔 프로젝트, 스크린 등의 교구를 완비하여 교수-학습활동에 지장이 없도록 유지되어야 한다.

최근 사회 · 경제적 수준 향상에 따라 가정에서도 냉 · 난방이 일반화되어 있고, 이러한 추세에 따라 최근에 건립되는 건물은 물론이고 기존의 낡은 건물에도 냉 · 난방설비를 완비하는 것이 일반적이다. 이러한 냉 · 난방설비는 적용 시스템에 따라 여러 방식이 적용되는데, 주기적인 점검을 통하여 항상 고장 없이 가동될 수 있어야 하고 필터 청소 등 청결한 상태를 유지하여야 한다.

대학업무의 전산화, 기자재의 첨단화, 인터넷에 의한 정보의 축적 및 유통 등 정보화 의존도는 시대의 발전에 따라 더욱 높아지고 있고 이를 지원하는 전산망, 통신망은 매우 중요한 설비다. 이러한 전산망, 통신망은 한 순간도 끊기지 않도록 철저한 예방관리가 필요하고, 불의의 사고 등 만약의 경우에 대비해서 망의 일부가 단절될 경우에도 바로 우회할 수 있도록 이중, 삼중의 백업망 설치와 관리 시스템이 필요하다.

6) 실험실습기자재관리

갈수록 대형화, 첨단화되는 고가의 실험실습기자재에 대한 적절한 관리체제가 필요하다. 대부분의 경우 연구실, 학과 등 최종사용자에 의해 관리가 이루어지고 있으나, 복합 기능의 첨단 기자재에 대한 분야별 전문가를 확보할 수 없고 예산의 확보 및 적기 투입이 어려운 점 때문에 고장 등의 사유로 상당기간 기자재가 작동되지 못하는 경우가 빈번하게 발생할 수 있으므로 예산 및 분야별 전문가 확보, 경험 축적 등이 유리한 대학본부 차원의 중앙집중식 관리체계가 필요하다.

7) 경비 · 보안관리

대학시설의 경비 · 보안관리 영역은 건물 외부와 내부로 나누어 볼 수 있는데, 일반적으로 대학은 지역사회에 개방되고 펜스, 담장 등 기존의 울타리도 없애는 추세이기 때문에 건물 외곽에 대한 통제는 거의 불가능하고 그럴 이유도 없어지고 있다. 그러나 다양한 기능의 복합화, 시설 · 설비의 첨단화 및 연구 결과의 특허 등 지적재산권에 대한 보호 필요성이 높아지고 있고, 학생 기숙사와 같이 개인의 사생활 보호와 도난방지가 필요한 건물의 내부 출입통제 등 보안관리는 더욱 강화될 필요가 있다. 특히, 보안이 필요한 실 또는 건물에 대하여는 전자키, 지문인식 또는 홍채인식 등 첨단 출입관리 시스템을 통한 보안관리가 절실하다.

8) 교통관리

10여 년 전부터 도시지역 내 일정규모 이상의 대학에서 진출입 차량 및 주차관리는 대학의 주요 현안과제로 대두되었고 대부분의 대학에서 차량진입 통제, 주차능력 확충 및 효율적 관리를 위해 주차요금을 징수하는 것이 일반화되었지만, 여전히 증가하는 학내 교통량을 수용하기 위한 도로의 확충과 주차장 증설은 시급한 과제로 남아 있다.

학내 교통량 증가 및 특정 지역 주차수요를 유발하면서 건물 인접 지역에 주차하기 위한 욕구와 많은 학생들의 안전한 보행권 확보와 친환경 캠퍼스에 대한 요구 등 서로 상충되는 수요를 해결하기 위한 대학의 정책 방향과 전략적 수단이 강구되어야 한다.

9) 청소관리

대학에서의 청소관리는 건물 내·외부 및 화장실 등 모든 실을 깨끗한 상태로 유지하는 것과 쓰레기의 수집, 분리 및 배출 등 쓰레기 처리 과정으로 나누어진다. 건물 내부의 청소는 연구실, 실험실과 같은 전용공간은 사용자 또는 사용기관을 지정하여 관리하고 화장실, 계단, 복도 등 다수의 불특정 사용자가 이용하는 공간은 단과대학 또는 대학본부의 관리책임 하에 청소전담회사 등에 외주용역 처리하는 것이 일반적이다.

쓰레기 처리는 분리수거에 대한 구성원의 협조가 절실하게 요구되는 사항이나, 학내 필요한 곳에 충분한 양의 분리수거함과 학내 적당한 장소에 주변 환경을 해치지 않고 다른 기능에 영향을 주지 않도록 차폐된 장소에서 쓰레기를 모으고 분리 및 배출하는 작업이 가능한 여건이 마련되어야 한다.

10) 우편물관리

대학의 규모에 따라 다르겠으나 일반적으로 선진국의 대학에 비해 우리나라의 대학에서는 소홀하게 다루어지고 있는 영역이다. 이메일이 일반화되면서 조금씩 그 중요성이 낮아지고 있지만 우편물의 수집·유통을 위한 전문인력, 장비 및 시스템을 갖추어야 한다.

제14장
대학시설 관리 방식 선정 시 주안점 및 지원도구

1. 관리 방식 선정 시 주안점

1) 관리주체

대학시설 관리 방식은 자체적으로 고용한 인력에 의한 직영 방식과 외부 전문업체에 맡기는 위탁 방식으로 나누어 볼 수 있는데, 위탁 방식은 시설관리 전체를 위탁하는 전면위탁 방식과 청소, 경비 등 분야별로 구분하여 위탁하는 부분위탁 방식으로 나누어진다.

시설관리와 같은 단순 업무는 직영 방식보다 위탁 방식이 일반적인 추세이나, 위탁 방식 선정 시에는 위탁업체에 고용된 인력의 고용승계, 처우개선, 비정규직 문제 등 노사분규 발생 시 대학이 이들을 직접 고용하지 않았음에도 대학시설의 안정적 운영을 위해 일정부분 개입될 수밖에 없는 것이 현실이므로 이에 대한 대비가 필요하다.

2) 투자재원

대학의 자체예산으로 관리하는 것이 일반적이나 최근 들어서는 외부의 투자자 또는 전문기업의 자금과 기술로 노후된 시설·설비를 개보수하고 개보수한 시설·설비의 운영까지 맡기는 방법이 도입·적용되고 있다.

이러한 외부 재원에 의한 개보수 방식으로는 먼저 공공 섹터에서 적용되고 있는 민간투자 방식(Private Finance Initiative: PFI) 중 자기 자본으로 노후된 건물을 리모델링하고 일정기간 동안 관리·운영권을 갖고 투자비를 회수하는 RTL(Remodelimg-Transfer-Lease) 방식과, 건물의 단열, 전기승압, 노후 냉·난방설비 교체 등 열손실이 많고 비효율적인 에너지 성능 개선사업에서 에너지절약 전문기업(Energy Service Company: ESCO)이 투자비를 부담하고 에너지 절약 성과를 가지고 일정 기간 투자비용을 상환하는 ESCO 방식이 있다.

2. 대학시설 관리 지원도구

대학시설은 관리대상 시설의 규모가 크고 다양한 요구에 효율적으로 대응하기 위해서는 FMS(Facilities Management System)를 기반으로 하는 시설경영관리 시스템의 구축이 필요하다. 시설경영관리 시스템은 대학이 보유하고 있는 다양한 유형의 시설에 대한 관리를 유지관리 차원에서 경영·관리의 차원으로 전환하고, 대학시설에 대한 지식경영(Knowledge Management)의 구체적 수단을 제공하는 시스템이다.[1]

---

1) 김치환 외(2006), 대학캠퍼스 시설수요관리를 위한 FMS 활용에 관한 연구, 대한건축학회논문집 22권 3호.

| 참고문헌 |

강규형(2008). 한국대학교육을 진단한다. 자유기업원.

교육부(1999). 두뇌한국 21사업 추진계획설명자료.

교육부(2005). 대학설립운영규정.

교육인적자원부(2007). 대학설립 · 운영규정

교육인적자원부 · 한국교육개발원(2007). 교육통계분석자료집.

권기욱(1996). 대학의 경영관리: 전문대학 · 대학 · 대학원. 원미사.

김근수(2005). 대학시설 기준 개편에 관한 연구. 서울시립대학교 도시과학대
　　　학원 석사학위논문.

김세균(1999). 두뇌한국 21사업의 문제점. 사회비평, 제21권.

김영철(2006). 미래교육을 위한 학제 발전과제. 한국교육학회, 한국교육학회
　　　2006년 추계학술발표대회, 미래사회의 학제 I.

김종석(2006). 대학교사시설의 경년추이에 의한 면적특성. 대한건축학회논문집,
　　　22권 6호(2006. 6)

김종석(2006). 캠퍼스 특성별 대학 교사시설의 면적 특성-2001~2003년의 기
　　　간을 중심으로. 한국교육시설학회, vol. 13, no. 3(2006. 7).

김종철(1979). 한국의 고등교육연구. 배영사.

김치환 · 정용환 · 정의용(2006). 대학 캠퍼스 시설수요관리를 위한 FMS 활용
　　　에 관한 연구. 대한건축학회논문집, 22권 3호(통권 209호). pp. 125-134.

남정걸(1995). 미래대학의 변화와 대학시설의 적합성. 교육시설, 제2권 4호. 메
　　　디칼투데이뉴스(2007. 10. 23).

박영숙(2000). 제7차 교육과정 운영을 위한 학교 급별 시설 공간요건 분석 연
　　　구. 수탁연구 CR 2000-8. 한국교육개발원.

배정익 외(1998). 인텔리전트 대학시설 모형개발을 위한 실태조사연구. 교육시
　　　설, 제5권 제1호.

부산대학교(2004). 공간자원분석연구.

서정화 외(2006). 대학인적자원관리. 홍익대학교 특성화사업단.

옥종호(2007). 국립대학교 시설사업 재정투자 목표설정에 관한 연구. 2006년
　　　도 교육인적자원부 정책연구과제보고서.

유웅상(2008). 민자유치를 통한 대학시설 확충: 부산대학교 효원문화회관 BTO
　　　사업. 국립대학교 예산담당자 회의 자료.

유현숙(1999). 학생선택권을 보장하는 전공모형. 정책토론회자료. 한국교육개
　　　발원.

이근욱(1995). 대학캠퍼스 계획의 교지기준에 관한 연구. 서울대학교 대학원
　　　박사학위논문.

이상주 외(1995). 대학종합평가인정제 실험연구. 한국대학교육협의회.

이현청(1994). 21세기 한국대학 평생교육의 나아갈 방향. 21세기 대학평생교
　　　육의 조망과 과제. 덕성여자대학교 학술심포지움보고서.

이화룡(2007). 대학시설 공간의 효율적 활용에 관한 연구. 교육인적자원부.

일본문부성(1991). 일본국의 문교시책.

정기오·장수명(2005). 울산국립대학교의 설립·운영 모델 연구. 정책연구과
　　　제-2005-지정-31. 교육인적자원부.

통계로 본 한국교육(2007). 평생학습의 참여: 현황과 과제, 한국교육개발원 전국
　　　장래 인구 추계-학령인구(http://www.kosis.kr/online/on00_index.jsp).
　　　통계청.

한국교육개발원(1981). 대학시설기준연구.

한국교육개발원(2005). BTL민간투자사업모델.

한국대학교육협의회(1992). 대학발전10개년계획(1992~2000).

한국대학교육협의회(1998). 대학종합평가편람.

한국대학교육협의회(2005). 21세기 대학교육발전계획.

한국대학신문. "민자유치" 대학이 뛰고 있다. 한국교육신문-숭실대학 공동기
　　　획 1부(2007. 9. 17)-5부(2007. 10. 22).

홍익대학교(2008a). 대학교 요람.

홍익대학교(2008b). 대학원 요람.

建築資料研究社(2007). 建築設計資料 108 大学施設-高度化·多樣化·市民に
　　　聞く-.

高等教育情報センター(1999). 21C キャンパスの創造と計劃.

日本建築学会(2004). キャンパスマネジメントハドブック.

Gaff, Jerry G., James L. Ratcliff, & Associates (1997). *Handbook of the Undergraduate Curriculum: A Comprehensive Guide to Purposes, Structures, Practices, and Change.* San Francisco: Jossey-Bass Publishers.

Gardner, D. (1985). Educational Facilities. *The International Encyclopedia of Education: Research and Studies.* Vol. 3, Oxford: Pergamon Press.

George, N. L (1970). *Educational Specifications, American School Board Journal,* Vol. 140, No. 1.

National Council on Schoolhouse Construction (1964). *Guide for Planning School Plans.*

The University of the State of New York and the State Education Department Office of Facilities Planning and Management Services (1996). *Manual of Planning Standards for School Buildings.* Albany, New York.

Wade, W. A. (1994). *1993-94 Accredited Institutions of Post-secondary Education.* Wshington D.C.: American Council on Education.

| 찾아보기 |

| 저자 소개 |

• 신중식
  미국 켄터키대학교 교육학박사(교육행정 전공)
  국민대학교 교수, 기획실장, 사범대학장, 교육대학원장, 대학원장, 부총장
  한국교육행정학회 회장
  현) 국민대학교 교육학과 명예교수

• 박영숙
  이화여자대학교 대학원 교육학과(문학박사)
  한국교육개발원 혁신기획실장
  교육인적자원부 교육정책자문위원
  한국교육개발원 교원정책연구실장
  현) 한국교육개발원 교육시설 · 환경연구센터 소장

• 류호섭
  일본 동경도립대학교 공학박사(건축계획 전공)
  현) 대한건축학회 부산/울산/경남지회 부회장
     교육시설학회 감사, 미래학교시설포럼 부회장
     동의대학교 건축학과 교수

• 최병관
  한양대학교 대학원 공학박사
  AA School Postdoctor
  현) 대한건축학회 대전충남지회 학술이사, 한국교육시설학회 학술이사
     공주대학교 건축학부 교수

• 유웅상
  한양대학교 건축공학과
  Pratt Institute(미국) City & Regional Planning(석사)
  공주대학교, 부산대학교, 경상대학교 시설과장
  교육부 BTL 팀장
  현) 한국교육개발원 교육시설 · 환경연구센터 연구기획팀장

(대학행정총서 7)

대학시설 이론과 실제

2009년 9월 10일 1판 1쇄 인쇄
2009년 9월 15일 1판 1쇄 발행

지은이 • 신중식 · 박영숙 · 류호섭 · 최병관 · 유웅상
펴낸이 • 김진환
펴낸곳 • (주) 학지사

　　　　 121-837 서울특별시 마포구 서교동 352-29 마인드월드빌딩 5층
대표전화 • 02)330-5114　　 팩스 • 02)324-2345
등록번호 • 제313-2006-000265호

홈페이지 • http://www.hakjisa.co.kr
커뮤니티 • http://cafe.naver.com/hakjisa

ISBN 978-89-6330-087-0　94370
　　　 978-89-6330-080-1(set)

정가 15,000원

　　본서는 교육과학기술부의 수도권대학특성화지원사업에 의하여 홍익대
산학협력단과 협력으로 출간되었습니다.